Lieben und Loslassen

Durch Meditation das Herz öffnen

Marie Mannschatz

Lieben und Loslassen

Durch Meditation das Herz öffnen

Theseus Verlag

Bibliografische Information der Deutschen Nationalbibliothek:
Die Deutsche Nationalbibliothek verzeichnet diese Publikation in der Deutschen Nationalbibliografie; detaillierte bibliografische Daten sind im Internet über http://dnb.d-nb.de abrufbar.

ISBN 978-3-89901-270-5

Originalausgabe

www.weltinnenraum.de

4. Auflage 2013

Lektorat: Ursula Richard

Umschlaggestaltung: Morian & Bayer-Eynck, Coesfeld
unter Verwendung eines Fotos © Hildegard Morian
Gestaltung und Satz: Ingeburg Zoschke
Druck: CPI – Clausen und Bosse, Leck

Erst
Das Schweigen
Tut das Ohr auf

Für den inneren Ton
In allen
Dingen.

Romano Guardini

Inhalt

Vorwort

Lieben und Loslassen ist eine wundervolle Einladung, den Geist zur Ruhe zu bringen und das Herz zu öffnen. Mehr denn je brauchen wir die zeitlose Weisheit, die in diesem Buch dargeboten wird. Meist wissen wir vielleicht, dass weise Frauen und Männer aller Zeiten die unvergängliche Macht der Vergebung, des Mitgefühls und der Liebe verkündet haben. Doch wie können wir diese Gaben in unserem Alltag zum Leben erwecken?

Marie Mannschatz macht uns in diesem Buch mit den Lehren und Übungsmethoden der buddhistischen Tradition bekannt, die uns dabei unterstützen können, einen liebevollen Umgang mit uns und unseren Mitmenschen zu entwickeln. Diese Lehren bringen uns in Erinnerung, dass inmitten all unserer Probleme ein erwachtes Herz unsere wahre Natur ist und dass wir dieses Geburtsrecht einlösen können. Die hier vorgestellten Übungen und Methoden geben uns eine wirksame Medizin, um uns und die Welt zu nähren und zu heilen.

Ich kenne Marie Mannschatz seit mehr als zwanzig Jahren. Wir haben gemeinsam praktiziert und in letzter Zeit auch zusammen unterrichtet. Dabei habe ich ihre Arbeit sehr schätzen gelernt, und ich respektiere zutiefst ihr weises Herz. Ihren Schülerinnen und Schülern begegnet sie mit Sensibilität, Einsicht, Ermutigung und mitfühlendem Verstehen, gespeist aus ihrer eigenen reichen Erfahrung. Marie, ausgebildet als Gestalttherapeutin und LOMI-Körpertherapeutin, integrierte diese westlichen Therapiemethoden in ihre buddhistische Schulung und vermittelt uns Menschen im Westen die Lehre des Erwachens in einer sehr persönlichen, wundervoll einfachen und direkten Weise.

Wenn Sie dieses Buch lesen, verlangsamen Sie Ihr Tempo. Atmen Sie. Nehmen Sie sich Zeit. Entspannen Sie Ihren Körper, lassen Sie Ihren Geist klar und Ihr Herz sanft werden. So können Sie ihrer wahrhaftigen Wünsche gewahr werden und sich an einem Gefühl des Friedens und der Liebe erfreuen.

Möge das Buch all denen, die es lesen, Segen bringen.

Mit Metta.

Jack Kornfield
Spirit Rock Meditation Center,
Woodacre, California
im Dezember 2001

Einleitung

»Lieben und Loslassen« war ursprünglich ein Thema meiner Meditationskurse. Das rege Echo der Gruppenteilnehmer hat mich bald inspiriert, ein Buch über dieses Thema zu schreiben. Das halten Sie nun in den Händen.

Alljährlich begegnen mir in meinen Kursen und im persönlichen Gespräch Hunderte von Menschen, die unzufrieden sind mit ihrem alltäglichen Leben und den Mut haben, aus dem Geschwindigkeitsrausch unserer Zeit auszubrechen, um in sich selbst hineinzuhören. Sie wollen die Ursachen für ihr Unglücklichsein nicht länger äußeren Bedingungen anlasten, sondern ein neues Verständnis von sich und der Welt entwickeln. Mit der Bereitschaft, Verantwortung für ihr eigenes Glück zu übernehmen, kommen sie zu Meditationskursen, wo sie keine neuen Glaubensvorstellungen suchen, sondern sich tätig üben wollen, um Hemmungen und Hindernisse zu beseitigen, die ihre Lebenskraft behindern.

»Lieben und Loslassen« ist eine Einladung, sich auf den inneren Weg zu begeben und mit allen Fasern des Daseins Liebe zu lernen und zu leben. Viele Menschen verstehen Liebe als ein Gefühl, das bei gutem Glück über uns hereinbricht. Sie erfahren die Liebe nur passiv und wissen nicht, dass Liebe Aktivität und eine entschiedene Absicht braucht. Dieses Buch möchte zeigen, dass wir täglich Entscheidungen zu liebevollem Handeln treffen können, um unsere Sehnsucht nach Liebe zu erfüllen.

Die buddhistische Metta-Meditation bietet ein klares und hinreichendes Gerüst dafür. Durch diese Meditationspraxis entsteht ein Verständnis von Nächstenliebe, von Mitgefühl und der Kraft des Gebens und Teilens. Metta bedeutet Herzenswärme oder Liebe und ist ein Geisteszustand, den wir erlernen können. Alle Variationen von Freundlichkeit und Herzenswärme, von handelnder Fürsorge bis hin zur bedingungslosen Liebe können mit Metta-Meditation erfahren und kultiviert werden. Die in zwei Jahrtausenden erprobten Anleitungen zum Üben der liebevollen Geisteszustände (Brahma Viharas) versuche ich, in eine Sprache der Gegenwart zu übersetzen und auf unser alltägliches Leben anzuwenden. Damit möchte ich Ihnen Anregungen geben, eine eigene Form zu finden, um Ihre Liebe zum Ausdruck zu bringen.

In den ersten Kapiteln beschreibe ich Grundlagen und Voraussetzungen, um sich auf den Weg zu machen. Der zweite Abschnitt umfasst die vier traditionellen Bereiche der Metta-Praxis: Herzenswärme, Mitgefühl, Mitfreude und Gelassenheit. Die dafür möglichen Meditationsübungen werden im Anschluss an die einzelnen Kapitel systematisch dargestellt. Sie können dieses Buch natürlich auch lesen, ohne diese Übungen am Ende der einzelnen Kapitel zu machen. Wenn Sie sich aber entscheiden, die Meditationspraxis in Ihren Alltag zu nehmen, dann ist es sinnvoll, sich an die gegebene Reihenfolge zu halten.

Sollten Sie an Grenzen und Probleme stoßen, die Sie allein nicht glauben bewältigen zu können, schreiben Sie mir, wenn Sie möchten. Ich bin sehr daran interessiert zu hören, wie sich diese traditionsreiche Meditationsform in unserer Zeit umsetzen lässt.

Ich möchte Sie einladen, die Welt der Stille zu entdecken und sich alltäglich in den Herzgeist-Raum zurückzuziehen, um auf diese Weise Ihren Lebensweg mit liebevollen Absichten zu ebnen und mit ganz neuen Kräften in die Welt zurückzukehren. Wenn wir intensiv in die Metta-Praxis eintauchen, können wir zu Forschern der Liebe werden, über die Gandhi sagte: »Gerade so wie ein Wissenschaftler Wunder verrichten kann durch verschiedene Anwendungen der Naturgesetze, kann jemand, der das Gesetz der Liebe mit wissenschaftlicher Präzision anwendet, noch größere Wunder verrichten. Das Gesetz der Liebe wird wirken, genau wie das Gesetz der Gravitation wirken wird, ob wir es annehmen oder nicht. Je mehr ich mit diesem Gesetz wirke, desto mehr empfinde ich Entzücken im Leben, im Plan dieses Universums. Es gibt mir einen Frieden und eine Einsicht in die Mysterien der Natur, die ich nicht beschreiben kann.«[1]

Erwachen

Sind wir glücklich, wenn sich ein Wunsch erfüllt, wenn das Sehnen ein Ende hat? Sind wir glücklich, wenn wir lieben, wenn wir gesehen und akzeptiert werden? Brauchen wir Erfolg zum Glück?

Leben besteht aus Anfängen. Der Vorhang geht auf. Ein Kind wird geboren. Zwei Liebende sehen sich zum ersten Mal. Eine Reise beginnt. Jeder Anfang hat seinen eigenen Geschmack, seine unwiederbringliche Stimmung. Erste Momente brennen sich oft wie leuchtende Bilder in die Erinnerung ein und bleiben ein Leben lang unvergessen. Das Glück des Findens, die Aufregung der Abreise, gespanntes Warten vor dem großen Augenblick – das kennen wir alle aus eigener Erfahrung.

Doch was einen Anfang hat, muss auch ein Ende haben. Während uns Anfänge hoffnungsvoll stimmen, schmeckt das Ende oft bitter. Wir möchten ständig neu geboren werden, aber das Sterben liegt uns fern. Nur nicht daran erinnert werden – es kommt schon früh genug.

Ende heißt Trennung, keine Wahl mehr haben, Loslassen müssen. Es konfrontiert uns, bringt uns an Grenzen, treibt uns in Verzweiflung, führt zu Verdrängung und Nicht-Wahrhaben-Wollen. Verlieren ist schmerzhaft, und Abschiednehmen erschüttert jedes Herz, ganz unabhängig davon, wie reich, mächtig oder schön wir sind.

In der Auseinandersetzung mit Trennen und Loslassen zeigen sich unsere inneren Stärken und Schwächen sehr deutlich. Wir kommen zum Nachdenken über uns selbst, wenn wir mit Tod oder schwerer Krankheit konfrontiert werden, wenn unsere Ehe zerbricht, wenn geliebte Menschen sich von uns abwenden, wenn uns nicht mehr die gewohnten Kräfte zur Verfügung stehen. Wir fragen: Warum muss gerade mir das passieren? Ist mein Unglück eine Strafe, eine Aufgabe, ein reiner Zufall? Wie viel Verantwortung trage ich für mein Schicksal? Kann ich meinen Lebenslauf überhaupt beeinflussen? Wer bin ich und was soll ich in diesem Leben lernen, was ist meine Aufgabe? Hat mein Leben einen Sinn?

Diese Fragen entstehen zwangsläufig in Lebenskrisen. Sehr oft markieren schwere Zeiten den Wendepunkt oder zumindest eine Zeit des Erwachens in der Lebensgeschichte. Etwas, das tief verborgen in uns schlummert, kommt ans Tageslicht. Wir entdecken eine Seite in uns, die »es gewusst hat«, die intuitiv intelligent ist und über das antrainierte Denken hinausreicht. Zeiten des Leidens fordern uns heraus, aufzuwachen und unserem innersten Wesen mehr Gehör zu schenken.

Niemand möchte unnötig leiden. Im Gegenteil – wir möchten in innerem Frieden leben, wir möchten glücklich sein. Doch das ist für viele Menschen ein seltener Zustand. Sind wir glücklich, wenn sich ein Wunsch erfüllt, wenn das Sehnen ein Ende hat? Sind wir glücklich, wenn wir lieben, wenn wir gesehen und akzeptiert werden? Brauchen wir Erfolg zum Glück? Geld? Einfluss? Wahrscheinlich definiert jeder Mensch seinen Frieden und sein Glück anders.

Schon als Kind habe ich intuitiv Antworten auf die brennenden Fragen nach sinnvoller Lebensgestaltung gesucht. Kind zu sein hieß für mich, täglich zu leiden. Ich habe mit dem lieben Gott verhandelt, Geister und Engel an meiner Seite gespürt. Bei jedem neuen Bewusstseinsschritt habe ich Ausschau gehalten nach Vorbildern und Erklärungshilfen. Als ich in die Pubertät kam, entdeckte ich die Psychologie und las alles, was in den frühen sechziger Jahren in unserer Jugendbibliothek zu diesem Thema zu finden war. Ich erinnere, wie ich mich mit elf Jahren zäh durch einen dicken Wälzer der Psychologie-Professorin Charlotte Bühler hindurchfraß und mir psychologische Experimente ausdachte. Meine Großmutter und mein Cousin mussten Rohrschachbilder interpretieren. Während die Großmutter Küchengeräte, Lebensmittel und drohende Geister im Tintenfleck erkannte, sah mein Cousin Kaulquappen, Comic-Figuren und Indianer. So wurde mir schon früh deutlich, wie wir unsere innere Welt auf die äußeren Erscheinungen projizieren.

Mit achtzehn Jahren wollte ich meditieren lernen. In aller Stille mit geschlossenen Augen zu sitzen und in sich selbst hineinzuhorchen hatte etwas Reizvolles und Aufregendes für mich. So wie sich andere Menschen zu einem Musikinstrument oder einer Palette von Farben hingezogen fühlen, so wollte ich Meditation kennen lernen und die Geheimnisse dieser Kunst ergründen. Die Beatles flogen zu ihrem Guru nach Indien, ich kaufte mir ein billiges Taschenbuch und folgte den Anweisungen, mich im Schneidersitz hinzusetzen und mir vorzustellen, ich würde an einem klaren Bergsee sitzen und auf die stille Wasseroberfläche schauen. Zehn Minuten später erschien es mir, als würde sich mein Körper merkwürdig verformen, er wurde entsetzlich lang, drehte sich um die eigene Achse, blies sich auf und fiel ruckartig in sich zusammen. Erschrocken sprang ich hoch, warf das Buch weg und versuchte, nicht mehr an Meditation zu denken.

Knapp zehn Jahre später folgte ich einer Einladung zu dem Dichter und Körpertherapeuten Dr. Robert Hall nach Kalifornien. Er begann keinen Tag ohne Meditation und lud mich zum Mitmachen ein. Sogleich wollte er mir die beiden Männer vorstellen, die seiner Meinung nach besser als alle anderen die Grundzüge von Meditation erklären konnten. Ich war noch keine Woche in Amerika, als ich beim Abendessen in einem chinesischen Restaurant Jack Kornfield und Joseph Goldstein kennen lernte, zwei schlaksige junge Männer Anfang Dreißig, sprühend vor Tatendrang. Vor lauter Lachen bekam ich kaum einen Bissen in den Mund. In mir setzte sich nur ein Gedanke fest: Wenn Meditation solchen Humor erzeugt, dann will ich jetzt lernen, wie das funktioniert. Jack Kornfield lud mich ein, an einem Dreimonatskurs in ihrem gerade eröffneten Meditationszentrum in Neu-England teilzunehmen: »In sechs Wochen geht's los. Wir beginnen immer mit einer zehntägigen Einführung in die Vipassana-Meditation.«

Ich saß in der Klemme. Zum ersten Mal in meinem Leben war ich in Kalifornien, das mir wie das Paradies auf Erden erschien. Kaum angekommen sollte ich mich schon wieder allein auf den Weg an die Ost-Küste machen, um dort stilles Sitzen zu üben? Doch wann würde ich wieder solch eine Gelegenheit bekommen? Hin und her schwankten die Gedanken, bis etwas Merkwürdiges passierte.

An einem staubheißen Augusttag musste ich geraume Zeit auf zwei trödelnde Freunde warten. Wieder quälte ich mich mit der Frage, ob ich der Einladung von Jack Kornfield folgen sollte. »Du kannst dich ja hinsetzen und gleich hier mit dieser Frage meditieren«, sagte ich mir und setzte mich mitten auf dem Parkplatz im Schneidersitz auf den kantigen Steinboden, schloss die Augen, konzentrierte mich auf meinen Atem und den Konflikt. In der Ferne hörte ich irgendwann die Stimmen meiner Freunde. »Marie, let's go!« Ich öffnete die Augen und konnte kaum glauben, was ich sah: Direkt vor mir lag zwischen Kieselsteinen eine kleine bronzene Buddha-Statue, halb so groß wie mein Zeigefinger. Das war das Zeichen, auf das ich gewartet hatte.

Plötzlich gab es an meiner Entscheidung keinen Zweifel mehr. Ich kaufte mir ein Bus-Ticket, um den Kontinent zu durchqueren. Nach einer mehrtägigen strapaziösen Reise saß ich schließlich zwischen einhundert Leuten in der großen Meditationshalle in Barre, in Massachusetts. Ich werde nie diesen ersten Moment vergessen als ich in die große, mit dunklem Holz getäfelte Meditationshalle eintrat und mir auf dem roten Teppich einen Sitzplatz suchte. Ich hatte das Gefühl, endlich angekommen zu sein, endlich mein Zuhause gefunden zu haben. Diese erste Einführung in die buddhistische Philosophie und Meditationspraxis hob meine Welt aus den Angeln. Niemand hatte mich zuvor gelehrt, den Geist als Instrument zu erkennen und zu nutzen. Ich war fasziniert von der Möglichkeit, Gedanken, Emotionen und körperliche Empfindungen voneinander zu differenzieren und zu lernen, den Wahrnehmungsvorgang zu analysieren und von Identifikation zu bereinigen. Warum wird uns das nicht schon in der Schule beigebracht?

Diese ersten Zustände der Seligkeit in meditativer Stille gaben mir einen Geschmack davon, was es heißt, im Inneren zuhause zu sein und mich vom Leben getragen zu fühlen. Ich begann zu ahnen, dass mein kleines begrenztes Selbst in größeren Zusammenhängen zu verstehen ist und dass alle Phänomene unseres Lebens eng miteinander verbunden sind. Der Geschmack der Freiheit prägte sich mir in diesen ersten Wochen der Meditation tief ein.

Danach hat es noch viele Jahre regelmäßiger Übung gebraucht, bis ich meinem Leben wirklich einen anderen Kurs geben konnte und in den inneren Räumen heimisch wurde. Ich war an äußere Reize so gebunden, war in meinen psychischen Reaktionsmustern so gefangen, dass ich meine innere Zufriedenheit immer wieder zugunsten oberflächlicher Äußerlichkeiten aufgegeben habe. Bei der Wahl meiner Geliebten war mir das Aussehen wichtiger als ihr Herz und ihre Verlässlichkeit. Ich habe mich unter endlosen Stress gesetzt, um denen zu gefallen, deren Perfektionsansprüchen niemand gerecht werden konnte. Ich habe selbst überhöhte Ansprüche verbreitet. Ich bin im Urlaub allein nach Bali gefahren und habe mich dort zutiefst verloren gefühlt, statt meine Zeit und Energie für das Erschließen meiner Herzensbedürfnisse einzusetzen. Ich habe sauer verdientes Geld für Anschaffungen ausgegeben, die mir im nächsten Moment so wenig bedeutcten, dass ich sie wegwerfen konnte, wenn sie einen Fehler hatten oder kaputt gingen. »Der Walkman spielt nicht mehr? Neuen kaufen!« Die Schuhe sind unmodern, die Wäsche hat sich verfärbt, das Stuhlbein wackelt – neu kaufen, mehr arbeiten. Reparieren, mich kümmern, entfärben, pflegen – dafür hatte ich keine Zeit. Schnell sollte alles gehen und glänzen. Menschen und Dinge wurden dabei immer weniger unterschieden. »Trotz unserer tiefen Sehnsucht nach Liebe halten wir doch alles andere für wichtiger als diese: Erfolg, Prestige, Geld und Macht. Unsere gesamte Energie verwenden wir darauf, zu lernen, wie wir diese Ziele erreichen, und wir bemühen uns so gut wie überhaupt nicht darum, die Kunst des Liebens zu erlernen.« Diesen Worten von Erich Fromm entsprach mein Lebensstil. Ich übte Yoga, machte eine Therapie nach der anderen, ging einmal jährlich in ein Schweigeretreat, doch die Kräfte des Haben-Wollens und Nicht-Haben-Wollens waren stärker als alle Einsicht, und mein Herz fühlte sich ziemlich verloren.

Mir scheint, dass in jedem Menschen ein ständiges Abwägen stattfindet zwischen Wollen und Gestilltsein. Der Buddha nennt das Wollen den »Durst«. Es ist die Kraft, die uns durch das Leben treibt. Sie ist so gewaltig, dass eine Erfahrung von Gestilltsein wie ein Tropfen Honig in einem Wassertank verschwindet. Das unbewusst ausgelebte Wollen ersehnt die Erfüllung im Äußeren. Wie abhängige Kinder ihre Arme ständig nach der Mutter ausstrecken, so zieht es uns zu den Objekten unserer Begierden hin, und wir meinen damit, das Glück zu greifen. Da draußen muss es doch irgendwo zu finden sein! Wir brauchen viele eindringliche Erfahrungen von Einsicht und Zufriedenheit auf dem Weg nach Innen, damit das Nach-Außen-Wollen aufgewogen werden kann und wir uns aus der Abhängigkeit von Sinnesreizen befreien. Ohne Verstehen, ohne waches Bewusstsein bleiben wir dem »Durst« ausgeliefert. Erst erfahrene Einsicht in die Zusammenhänge, die für uns persönlich Glück und Unglück bewirken, kann unser Handeln beeinflussen. Wir müssen bewusst erleben, dass sinnvolles Tun angenehme Folgen hat und ungesundes Verhalten sich schmerzhaft auswirkt.

In einer Zeit, wo wir ganz selbstverständlich den Körper in Fitnessstudios und auf Joggingpfaden formen, müssen wir auch begreifen, dass wir Geisteszustände ebenso verwandeln können wie den Körper. Wir Menschen haben die Fähigkeit, unsere Wahrnehmung und unsere Gefühle zu beeinflussen, ganz unabhängig von dem, was in unserem Alltag passiert. Ein glücklicher, von innerer Gewissheit getragener Geist erlebt einen anderen Alltag als ein unglücklicher, von Sorge und Zweifel zermürbter Geist. Mit hasserfüllten Gedanken leben wir ein anderes Leben, als wenn wir liebevolle Absichten pflegen. Ob und wie wir die Entwicklung von Gefühlen und Bewusstsein durch gezieltes Üben beeinflussen, liegt ganz an uns. Der Körper bleibt straff und gelenkig, wenn er sinnvoll und regelmäßig bewegt wird, der Geist wird frei und offen, wenn man ihn entsprechend trainiert. Je nachdem, wie gierig und störrisch wir sind, brauchen wir zehn, hundert oder tausend erlebte Folgen, bevor wir uns ändern, denn unser Leben ist von Verhaltensgewohnheiten bestimmt, die viel Zeit und Aufmerksamkeit brauchen, um sich zu wandeln. In der buddhistischen Lehre heißt es deshalb, dass nur eine ausgewogene Kombination von Wissen, Meditation und gesundem Lebensstil unsere Erfahrungsmuster verändern wird.

Wer möchte nicht mehr Raum und Selbstvertrauen in seinem Leben gewinnen? »Ich möchte gerne wissen, wovon ich selbst vielleicht die Larve bin«, fragte sich der Maler van Gogh. Zu allen Zeiten haben Künstler, Philosophen und spirituelle Meister ihr Leben der Bewusstseinsforschung und inneren Verwandlung gewidmet, in allen Kulturen und Religionen wird von weisen Lehrern gepredigt, wie der Mensch zu sich und zum Heiligen findet und sich innerlich befreit.

Mein Verständnis von mir selbst hat sich mit jeder Lebensphase verändert. Ob als Kind, als Jugendliche, als junge Frau oder als Meditationslehrerin – jedes Mal habe ich mich und die Welt aus einer neuen Perspektive gesehen. Wenn sich unsere Lebensumstände und Gewohnheiten ändern, sehen wir auch unsere Erfahrung in einem anderen Licht.

Der Buddhismus hat mich gelehrt, dass mein Handeln und Erleben das Ergebnis von Gewohnheiten des Geistes sind und dass wir deshalb gut daran tun, zu unserem eigenen Wohl unseren Geist zu schulen, statt die alten Muster unbewusst zu wiederholen. Auch wenn dieser Prozess sehr langwierig und mühevoll ist und mich immer wieder neu herausfordert, bin ich doch heilfroh, mich darauf eingelassen zu haben. Ich bin mir selbst dankbar für den Einsatz, den ich geleistet habe, für das Vertrauen, das ich aufgebaut habe und die Quellen, die ich mir erschließen konnte.

Eine dieser Quellen ist die Metta-Meditation, die ich in diesem Buch vorstellen möchte. Seit mehr als zweitausend Jahren wird Metta-Meditation in buddhistischen Klöstern geübt. Die Metta-Lehre bietet uns ein gut geeignetes Gerüst für das Verständnis und die Schulung unseres Herzens. Sie vermittelt die Fähigkeit, Kontakt zu unserem eigenen Herzen aufzunehmen und uns dadurch mit den Herzen unserer Mitmenschen zu verbinden.

Metta ist ein Begriff aus dem Pali, jener Sprache, die zu Lebzeiten des Buddha in seiner Heimat gesprochen worden sein soll. Direkt übersetzt bedeutet *metta* »sanft« oder »Freund«, im weiteren Sinne Sympathie, Herzenswärme, Wohlwollen, liebevolle Zuwendung. Man kann Metta auch als die buddhistische Auslegung der Liebe verstehen.

Im Buddhismus gelten Herz und Geist als untrennbar miteinander verbunden. In der buddhistischen Lehre bedeutet Geistesschulung stets auch Herzensschulung. Ich nenne den Geist deshalb gerne Herzgeist. In unserer westlichen Kultur jedoch werden das Denken und der Geist im Gehirn angesiedelt, das als die Leitzentrale verstanden wird, die unser Leben bestimmt. In unserer Arbeitswelt dominiert der Hirn-zu-Hirn-Kontakt. Können wir uns vorstellen, dem Herz-zu-Herz-Kontakt ebenso viel Bedeutung zu geben? Bei genauerem Nachforschen ergibt sich nämlich eine andere Daseinsqualität, wenn wir bei allen Wahrnehmungen das Herz einbeziehen und Herzerleben und Denken miteinander verschmelzen.

Ein amerikanischer Indianer-Schamane erzählte dem Psychoanalytiker Carl Gustav Jung, dass die weißen Menschen so grausam und voller Ärger seien, weil sie mit ihren Köpfen denken. Gesunde, zufriedene Menschen, sagte er, würden mit dem Herzen denken.

Unterstützt von der buddhistischen Psychologie möchte ich anregen, den Prozessor unseres Daseins im Herzraum zu verankern und dem Herzen mehr Gehör zu schenken. Das Herz hilft uns, zu einer Wirklichkeit zu erwachen, die uns viel mehr entspricht, als der Konsumdruck und die Hetze unserer Zeit. Das Herz weist uns den Weg, wie wir Freude und Erfüllung im inneren Leben finden und uns in unserem Körper mehr zuhause fühlen können. Das Herz rückt Vertrauen, Liebe und Zugehörigkeit in die Mitte unseres Daseins und betont die Gemeinsamkeit mit anderen Menschen. Herzenswärme beschert uns Offenheit und die Bereitschaft zur Resonanz. Die körperliche Getrenntheit von anderen Lebewesen wird durch emotionales Mitschwingen überwunden. Wir erleben eine gefühlsmäßige Verbindung, in der wir erfahren, dass unabhängig von Herkunft und Kultur alles Leben kostbar und zugleich sehr leicht verletzbar ist und unseren Respekt und Schutz braucht.

Wettbewerb und Wirtschaftlichkeit als leitende Prinzipien sind nicht so wichtig wie das Erhalten einer gesunden Umwelt für die nächsten Generationen. Wir brauchen Mut, aus dem Geschwindigkeitsrausch und dem zwanghaften Habenwollen auszusteigen. Finanzieller Gewinn allein darf nicht unsere Entscheidungen bestimmen, genauso wenig wie Macht und Erfolg. Das Herz wird unsere am Gewinn orientierten Normen auf den Kopf stellen. Wenn wir auf unser Herz hören, agieren wir vielleicht nicht so schnell, aber einfühlsamer. Um uns für das einzusetzen, was uns wirklich wesentlich erscheint, brauchen wir ein Verständnis vom Leben, das aus der Sicht des Herzens abgeleitet wird.

Ein offenes, voll ausgereiftes Herz vermag bedingungslos zu lieben. Selbst wenn wir es noch nicht deutlich gespürt haben, existiert in uns eine Vorstellung davon, was es heißt, ganz und gar angenommen zu sein, bedingungslos geliebt zu werden für das, was wir sind. Wenn wir Momente dieser Art von Liebe in uns erfahren und weitergeben können, jubeln wir innerlich. Es sind Höhepunkte in unserem Leben, wenn die Liebe so grenzenlos wird wie das Universum. Im vollkommenen Loslassen, im Erleben des Geburtsprozesses oder in der Konfrontation mit dem Tod, gelingt es uns Menschen oftmals, die Begrenzungen der konditionierten Persönlichkeit wegzulassen und der Liebe allen Raum zu geben. Auf tragische Weise wurde das auch in den vielen Nachrichten deutlich, die beim Terror-Akt auf das World Trade Center per Handy an die Hinterbliebenen übermittelt wurden. Im allerletzten Moment vor dem Tod gab es nur noch eines zu sagen: Ich liebe dich.

Zu Beginn dieses Kapitels habe ich beschrieben, wie reizvoll das Beginnen, wie schwierig das Beenden ist. Liebe und Hass, Licht und Dunkelheit, Abschied und Neubeginn – bei genauem Hinschauen begegnen uns alle Gegensätze und Widersprüche in jedem Augenblick unseres Lebens.

Wenn in unserer Wahrnehmung Anfang und Ende ständig verschmelzen und nicht mehr zu unterscheiden sind, dann leben und lieben wir völlig wach in der Gegenwart, im zeitlosen Raum.

Das Jetzt ist alles, was wir haben. Nur in diesem Moment können wir uns unseres Daseins völlig sicher sein. Auch Liebe und Erkenntnis gibt es nur im Jetzt. Dieser Zustand des reinen Daseins in der Gegenwart mag uns fremd und fern erscheinen, doch es ist das Ziel jeder traditionellen Geistesübung. Manche nennen es auch hundertprozentiges Wachsein, vollendete Weisheit, Freiheit, Nirvana, Erleuchtung oder bedingungslose Liebe. Vielleicht haben Sie noch ein ganz anderes Wort dafür – *bliss*, Ekstase, Gipfelerlebnis, Zuhause, der Ort, zu dem wir gerne hinkommen möchten, für den sich zu leben lohnt. Ob durch buddhistische Meditation oder eine andere traditionelle Bewusstseinsschulung – sobald wir uns für eine kontinuierliche geistige Übungspraxis entscheiden, werden sich die Tore zur inneren Welt öffnen und wir können endlich darüber wachen, was wir in uns aufnehmen und wofür wir uns engagieren. Unser Geist findet Ruhe und Klarheit. Unser Leben bekommt Ausrichtung und Sinn. Wir werden eins mit uns selbst und fühlen uns authentisch und sicher im Kontakt mit anderen. Ohne Furcht und mit bedingungsloser Liebe in reiner Gegenwart zu leben ist das höchste Glück, das uns widerfahren kann. Es steht uns allen jederzeit offen, uns auf den Weg zu unserem inneren Zuhause zu machen.

ÜBUNG

Allgemeine Grundlagen der Meditationpraxis

Wenn wir mit dem Meditieren beginnen, brauchen wir einen wahrhaften Anfängergeist. Wir brauchen die Bereitschaft, uns in unserer Unsicherheit und Hilflosigkeit kennen zu lernen, wie ein kleines Kind, das wackelig seine ersten Schritte versucht und dabei immer wieder auf die Nase fällt.

Manche Sitzungen werden vortrefflich sein, genauso, wie wir es uns wünschen. Die nächstfolgende ist dann vielleicht langweilig und uninteressant. Der Geist ist erregt, im Körper tut es überall weh, wir fragen uns, wo das hinführen soll und ob es überhaupt einen Sinn hat, die Meditation fortzusetzen.

Aber schon in der nächsten Sitzperiode ist es wieder ganz anders. Wir können unsere Meditationszeit nicht kontrollieren, wir können nur lernen, uns hinzugeben.

Meditation soll Freude bereiten und möglichst einfach und unkompliziert sein. Vertrauen Sie Ihren eigenen Impulsen, folgen Sie Ihren inneren Bedürfnissen. Das Wohlfühlen ist schon die halbe Meditation, das Ankommen in der Gegenwart ist die andere Hälfte.

Ort

Sie brauchen einen Platz, an dem Sie für einen von Ihnen bestimmten Zeitabschnitt ungestört mit geschlossenen Augen sitzen können. Sorgen Sie für Stille, so weit möglich. Stellen Sie den Anrufbeantworter an. Optimal ist es, wenn Sie für sich in Ihrem Zuhause einen Platz zum Meditieren einrichten können, der durch inspirierende Bilder, Blumen, Kerze und dadurch, dass Sie ihn regelmäßig nutzen, für Sie eine Atmosphäre der Sammlung und Geborgenheit ausstrahlt.

Zeit

Beschließen Sie, eine bestimmte Zeit zu üben und nicht vor Ablauf der Zeit abzubrechen. Sie können mit 5–10 Minuten beginnen. Wenn Sie diese Zeit über mehrere Tage mühelos einhalten, verlängern Sie schrittweise Ihre Meditationsdauer um fünf Minuten, bis Sie einen Zeitraum erreicht haben, den Sie regelmäßig einhalten können. Die meisten wählen täglich 20–30 Minuten, am Morgen zum Tagesbeginn und/oder am Abend zum Tagesabschluss. In Meditationskursen sitzen wir 45–60. Minuten. Finden Sie heraus, was Ihnen am besten entspricht. Wenn Sie eine gute Zeitspanne gefunden haben, bleiben Sie dabei. Entwickeln Sie Gewohnheiten durch Regelmäßigkeit.

Es gibt formelle und nicht-formelle Meditationszeiten im Alltag. Die formelle Meditationszeit ist die Zeit des Tages, die Sie ganz bewusst ausschließlich für die Meditation reservieren. Alle in diesem Buch vorgestellten Meditation können aber auch nicht-formell geübt werden, das heißt, sie können neben der formellen Meditationszeit in allen Haltungen, im Sitzen, Gehen, Stehen und Liegen angewendet werden. Nicht-formelle Meditationszeit besteht den ganzen Tag.

Bei den hier vorgestellten Meditationsübungen bemühen wir uns, geduldig in den gegenwärtigen Augenblick zu unserem Haupt-Meditationsobjekt zurückzukehren. Wir achten darauf, nicht von Gedanken, Phantasien, Vorstellungen und Erinnerungen fortgetragen zu werden. Das Denken lässt sich nicht abstellen. Reagieren Sie nicht urteilend oder ablehnend auf die Gedankentätigkeit. Sobald Sie bemerken, dass Sie den Gedanken gefolgt sind, gehen Sie zu ihrem Meditationsobjekt zurück. Dieses geduldige Umkehren zurück in den jetzigen Moment ist die kontinuierliche Arbeit in der Meditation.

Unterschiedliche Meditationstechniken haben auch unterschiedliche Meditationsobjekte. In der Metta-Meditation stehen die Metta-Sätze, die Sie im Metta-Kapitel kennen lernen, im Zentrum Ihrer Aufmerksamkeit. Neben den festgelegten Meditationszeiten können Sie die Metta-Sätze den ganzen Tag, vom Aufwachen bis zum Einschlafen üben. Immer wenn Sie daran denken, können Sie die Sätze sprechen. Hinzu kommt ein möglichst waches Wahrnehmen aller körperlichen Empfindungen, das hier durch die folgende Übung sowie durch die 7-Punkte-Meditation angeregt wird, die ich Ihnen im Kapitel »Achtsamkeit« vorstelle. Sie können unbedenklich zwischen den Methoden hin und her wechseln, denn die Metta- und Körperachtsamkeits-Techniken ergänzen sich gegenseitig.

Sitzmeditation

Wählen Sie eine Sitzgelegenheit, in der Sie entspannt aufrecht und möglichst regungslos sitzen können. Ein Stuhl mit Armlehnen, der so hoch ist, dass Ihre Füße flach auf dem Boden stehen können, wenn Sie entspannt darauf sitzen, ist eine Möglichkeit. Sie können aber auch im Sessel sitzen, auf einem Meditationsbänkchen oder einem Zafu – das ist ein festes Meditationskissen, das sich besonders dafür eignet, auf dem Fußboden im Lotossitz oder mit voreinander gelegten Beinen (wie im Schneidersitz) zu meditieren. Probieren Sie ruhig verschiedene Haltungen aus. Alles, was Ihnen wohl tut, ist gut für den Anfang.

Legen Sie sich beim Sitzen von vornherein ein leichtes Tuch um, da man in der Bewegungslosigkeit leicht auskühlt und sich dann nicht gut entspannen kann.

Kennen Sie Ihre Sitzhöcker am unteren Beckenrand? Wenn Sie gut ausgewogen auf beiden Sitzhöckern sitzen, ergibt sich eine natürliche aufrechte Haltung der Wirbelsäule. Ob Sie den Rücken anlehnen oder nicht, bleibt Ihnen überlassen. In Meditationskursen rege ich an, ohne Rückenstütze auszukommen und sich möglichst gar nicht erst daran zu gewöhnen, damit wir uns aus eigener Kraft aufrecht halten können.

Zwängen Sie sich nicht in Sitzhaltungen, die den eigenen Lebensgewohnheiten widersprechen. Natürlich ist es anfangs für jeden ungewohnt und schmerzhaft, längere Zeit regungslos zu sitzen. Wer aber im Alter von sechzig Jahren mit der Sitzmeditation beginnt, sollte nicht von sich erwarten, auf dem Boden im Lotossitz Ruhe zu finden. Man kann auf einem Stuhl sitzend ebenso tiefe Einsicht gewinnen, wie im vollen Lotossitz oder in der Gehmeditation. Die körperlichen Schmerzen, die wir durch langes bewegungsloses Sitzen in ungewohnter Haltung erfahren, die durch Druck, Überdehnung und knochenbrecherischen Zwang entstehen, müssen von den Schmerzen unterschieden werden, die sich aus inneren Lösungsprozessen ableiten. Wenn Schmerzen auch nach Beendigung der Sitz-Meditation alarmierend lange andauern, sollte mit Hilfe von Fachleuten geklärt werden, ob es dafür physische Gründe gibt. Schon manch einer hat sich dauerhafte Kniebeschwerden oder Hüftschmerzen zugefügt, um dem Meister nachzueifern. Im tibetischen Buddhismus wird in solchen Fällen drastisch von »idiotischem Eifer« gesprochen.

Am Anfang suchen Sie deshalb immer wieder als Ausgangspunkt das Wohlfühlen, die angenehme Haltung. Die Bereitschaft, sich mit Schwierigkeiten auseinander zu setzen, wächst ganz von selbst mit dem Vertrauen in die Praxis.

Wählen Sie für die formelle Meditationszeit auch keine liegende Position – Sie schlafen dann zu leicht ein. Arme, Hände und Beine halten Sie, wie es Ihnen entspricht.

Schließen Sie die Augen beim Sitzen. Falls das unangenehm sein sollte, lassen Sie die Augen halb geöffnet und halten Sie den Blick nach vorne auf den Boden gerichtet, damit so wenig wie möglich Sinnesreize auf die Augen einwirken.

Nach all diesen vorbereitenden Erklärungen suchen Sie nun den Ort, wo Sie künftig Meditation formell üben wollen. Nehmen Sie sich jetzt vor, fünf bis zehn Minuten still zu sitzen und dabei zu spüren, was alles im Körper geschieht. Richten Sie Ihre Aufmerksamkeit auf die Fußsohlen und fragen Sie sich: »Was spüre ich in den Fußsohlen? Kann ich dort überhaupt etwas spüren? Wie lebendig spüre ich meine Füße?« Bewegen Sie ihre Zehen, um die Aufmerksamkeit in die Füße zu rufen. Spüren Sie Druck, Wärme, Kälte, Kribbeln, Enge, Volumen? Spüren Sie auch Ihre Hände, Ihre Sitzknochen, Ihre Haltung, alle Bewegungen im Körper und strengen Sie sich dabei nicht an, sondern genießen Sie eine aufrechte Entspanntheit im stillen Sitzen.

Nach Abschluss der formellen Meditationszeit nehmen Sie sich vor, so oft wie nur möglich Ihre Füße und den Kontakt zum Boden zu spüren. Anwesenheit ist die Voraussetzung für jeden Wandlungsprozess. Bekräftigen Sie Ihre Anwesenheit, indem Sie wach auf eigenen Füßen stehen.

Lieben

Gefühle sind die Antwort auf erlebte Handlung. Liebe zeigt sich im konkreten Handeln. Mord aus Liebe gibt es nicht, und Liebe ohne Gerechtigkeit gibt es auch nicht.

Jedes Leben braucht Liebe. Wer keine Liebe hat, wird sie suchen. Liebe ist die Wurzel unseres Daseins, die treibende Kraft im Universum. Das Streben nach Liebe prägt unseren Lebensweg.

Obwohl es in unserer Gesellschaft den meisten Menschen in materieller Hinsicht gut geht, erscheint uns das Leben nicht leicht. Der äußere Schein trügt. Viele leiden an körperlichen und psychischen Schmerzen. Die Einsamkeit ist immens. Jedes offene Ohr, jede Zuwendung zu einem anderen Menschen hin ist wichtig, doch liebevolles, mitfühlendes Handeln wird immer seltener. Vor den Bildschirmen der Informationsgesellschaft veröden Menschen in Vereinzelung und Gefühllosigkeit. Der große Hunger nach Liebe wird im Habenwollen von materiellen Gütern ausgelebt, ohne dass er je gestillt werden könnte. Und obwohl jeder Liebe für wunderbar hält, glauben wir letztlich wohl doch an die Unerfüllbarkeit der Liebe. Wir verstehen Liebe meist als ein romantisches Gefühl, das uns überfällt und wieder verlässt wie Stimmungen, auf die wir keinen Einfluss haben.

Die amerikanische Kulturkritikerin Bell Hooks erzählt in ihrem im Jahr 2000 erschienenen Buch *All About Love*,[2] dass sich ihre Freundinnen und Freunde nervös von ihr abwendeten, wenn sie ein Gespräch über die Liebe beginnen wollte. »Du solltest vielleicht mal zu einem Therapeuten gehen«, wurde ihr geraten; alle nahmen an, dass sie heimlich auf Partnersuche sei, weil sie über das Thema Liebe schreiben wollte. Es scheint nicht normal zu sein, öffentlich über die Liebe nachzudenken, aber es ist völlig üblich, sich mit alltäglicher Lieblosigkeit, mit Zynismus und Gewalttätigkeit abzufinden, empört sich Bell Hooks und geht der Frage nach, wo Liebe die Entscheidungen, die gefällt werden, bestimmt – in unseren Freundschaften, in Kultur und Politik, in der religiösen Welt? Die transformative Kraft der Liebe, von der große soziale Bewegungen immer gesprochen haben, scheint heute völlig in Vergessenheit zu geraten. Wir brauchen Klarheit darüber, dass Liebe für unsere Gesellschaft ebenso wichtig ist wie erfolgreiche Arbeit.

In einer Kultur der Liebe würden Werte nicht nur proklamiert, sondern auch umgesetzt werden. Wenn wir verstehen könnten, dass Liebe liebevolles Handeln ist, würden wir uns gegen Entfremdung, Korruption und Trennung wenden, gegen eine Konsumkultur, die vom grenzenlosen Habenwollen bestimmt ist. Würde Liebe bei uns die ethische Grundlage sein, dann hätte jeder das Recht auf Freiheit, Gleichheit und Erfüllung. Die Lust, Dinge zu besitzen würde ersetzt werden durch die Lust, Verbindung aufzunehmen, wir würden einfacher und genügsamer leben und dabei zufriedener sein. Die Frage »Wie finde ich jemanden, der oder die mich liebt?« würden wir verwandeln in »Wie kann ich eine Liebende, ein Liebender werden?«

Gefühle sind die Antwort auf erlebte Handlung. Liebe zeigt sich im konkreten Handeln. Mord aus Liebe gibt es nicht, und Liebe ohne Gerechtigkeit gibt es auch nicht.

Doch unsere Unwissenheit über die Liebe ist groß. Es besteht wenig Bewusstsein von der Notwendigkeit, Liebe zu üben und eine Kultur der Liebe zu entwickeln. In unserer Kultur wird alles diskutiert, es gibt Selbsthilfegruppen und Internet-Chat-Groups zu jedem erdenklichen Thema, aber im öffentlichen Gespräch der Gegenwart taucht nur ein sehr begrenzter Aspekt der Liebe auf. In Schlagern, in Hollywood-Filmen und Hochglanzmagazinen wird vor allem die Sehnsucht nach Intimität vermarktet und allzu gern wird Sexualität mit Liebe gleichgesetzt. Wie die Sehnsucht erfüllt wird, wie Liebe sich im Alltag verwirklichen kann, erfahren wir nur selten.

Bell Hooks hat beobachtet, dass die meisten Menschen erwarten, durch Liebe in ein dauerhaftes Hochgefühl versetzt zu werden, sie wollen nichts dafür tun und einfach nur das gute Gefühl genießen. Leidenschaft wird gerne mit Liebe verwechselt, man glaubt, Liebe müsse mitreißen, den Verstand zum Aussetzen bringen, Liebe müsse mühelos und bedingungslos sein. Angenehme Empfindungen, Aufmerksamkeit und Versorgtwerden haben wir im Elternhaus als Liebe kennen gelernt, sagt Bell Hooks. Heißt jemanden lieben, miteinander zu kuscheln, sich zu küssen und zu umarmen? Heißt Liebe, das zu bekommen, was man haben will? Heißt sich kümmern, sich lieben?

Was wir unter Liebe verstehen, hat viel mit unseren Kindheitserfahrungen zu tun. Wir lernen das Lieben im Heranwachsen in unseren Familien. Es wird als natürlich und selbstverständlich angesehen, dass Familienmitglieder einander lieben. In der Familie ist Liebe Pflicht – keine Wahl. Zuwendung wird häufig mit Strafen und Machtansprüchen verknüpft. Kindern wird sogar eingetrichtert, dass sie aus Liebe bestraft werden – angeblich zu ihrem eigenen Wohl. Missachtung und Misshandlung sollen wir als Ausdruck von Liebe akzeptieren, und wir sollen glauben, dass Liebe und Missbrauch Hand in Hand gehen können. Als Erwachsene reden wir uns dann ein, dass Partner, die uns wiederholt zutiefst verletzen, uns trotzdem lieben. Um unsere Phantasien von Liebe zu erfüllen, sind wir bereit, auf Selbstachtung und Selbstwertgefühl zu verzichten, nur um einen

Schimmer vermeintlicher Liebe dafür zu bekommen. Dabei werden wir nur geliebt, wenn wir das tun, was den anderen gefällt.

Uns wird suggeriert, dass Liebe ein Mysterium ist, das wir nicht kennen können, dass Menschen, die miteinander schlafen, ohne miteinander zu kommunizieren, sich lieben, dass Vermeiden und Heimlichtuerei die Liebe erhält und Dominanz und Gewalt ein akzeptabler Ausdruck von Liebe sind. Wir sollten uns als Konsumenten gegenüber Bildern und Nachrichten verweigern, denen keine Liebesethik zugrunde liegt. Wird je darüber nachgedacht, wie es sich auf unsere Gesellschaft auswirkt, wenn Gewalt interessant und verführerisch erscheint? Wie oft lassen wir uns von Bildern der Gewalt fesseln! All dies zeigt, wie dringend notwendig es ist, so Bell Hooks, ein kritisches Bewusstsein von Liebe zu entwickeln.

Der Buddha benutzte das Wort Liebe nur selten. Vielleicht war es schon zu seinen Lebzeiten Anlass für viele Missverständnisse. Stattdessen sprach er meist von Sympathie und Freundschaft und erklärte, dass diese Gefühle, die er auch »grundlegende Liebe« nannte, in jedem Menschen vorhanden sind und gefördert werden können, zum Beispiel durch Achtsamkeitsübungen. Zu seinem vertrauten Begleiter Ananda bemerkte er einmal: »Die einfachste, grundlegende Form der Liebe, die Fähigkeit anderen Menschen mit Wohlwollen zu begegnen und ihnen das Beste zu wünschen, ist schon ein guter Grund, um erleichtert aufzuatmen.«[3]

Sympathie und Freundschaft spielen eine wichtige Rolle in den Lehren Buddhas. Er riet den Menschen immer wieder: Sucht euch die richtigen Freunde, Menschen die euch auf dem inneren Weg vorangehen, die euch begleiten und beraten können, die euch inspirieren und akzeptieren. Stets ermunterte er seine Schüler, zum Wohlergehen aller Lebewesen in die Welt hinaus zu gehen, sich im Herzen berühren zu lassen und zu fragen: Wem kann ich heute helfen? Was kann ich heute lehren? Auch die buddhistischen Meisterinnen und Meister der Gegenwart lehren in diesem Geist. »Meine Religion heißt Freundlichkeit«, verkündet der Dalai Lama, und der vietnamesische Lehrer Thich Nhat Hanh ist überzeugt, dass spirituelles Wachstum ohne nahe Freundschaft sehr schwierig ist.

Wie sieht nun die Herzgeist-Schulung aus, die durch Metta-Meditation angestrebt wird? Was zeichnet diese Methode im Vergleich zu anderen aus? Und: Worauf kommt es grundsätzlich an beim Meditieren?

Egal ob man den Blick auf eine Kerzenflamme richtet, ob man einem inneren Ton lauscht, den Atem spürt, egal, ob man die Göttin Tara visualisiert, ein Mantra spricht, auf eine weiße Wand oder in den Himmel schaut – immer geht es darum, den Geist auf ein einziges Objekt hin auszurichten und ihn dadurch zu formen und zu verwandeln. Wir werden sehr schnell bemerken, wie schwierig es ist, diese einfache Aufgabe zu erfüllen. Der ganze Lernprozess in der Meditation entfaltet sich in dem Bemühen, ein einziges Objekt in der Aufmerksamkeit zu halten. Serienweise tauchen Hindernisse und Widerstände auf. Wir langweilen uns, wir werden müde, die Aufmerksamkeit verliert sich in Phantasievorstellungen, im Pläne machen. Schmerzen im Körper lenken uns ab, und starke Gefühle reißen uns mit. Im Kontakt mit diesen Herausforderungen in der Meditation lernen wir uns selbst kennen. Wir erleben, dass der Geist nicht einfach zu kontrollieren ist, sondern dass es eine wahre Kunst ist, Frieden im Zentrum des Gedankenkarussells zu finden.

Für den Umgang mit den Herausforderungen in der Meditation gibt es Übungsanleitungen, die in den östlichen Traditionen seit Jahrtausenden erprobt wurden, denn unser menschlicher Geist funktioniert, ähnlich wie der Körper, unabhängig von Kultur und Zeitalter nach denselben Gesetzen.

Meditation erforscht die Landschaft des Geistes und stellt Landkarten dafür her. So wie es für Deutschland von unterschiedlichen Kartenherstellern ganz verschieden aussehende Karten gibt, die doch alle den selben Grund und Boden beschreiben, so erfassen auch verschiedene Meditationsmethoden die Geisteslandschaft mit unterschiedlichen Schwerpunkten. Vipassana-Meditation zum Beispiel ist darauf ausgerichtet, Weisheit und Einsicht zu etablieren, andere Techniken trainieren die Flexibilität und Verankerung des Geistes in der Gegenwart oder die Erkenntnis von Leere und Selbstlosigkeit.

Die Metta-Meditation wurde vom Buddha entwickelt, um Furcht aufzulösen und das Herz für die Liebe zu befreien. Ähnlich wie bei einem Mantra wird in der Metta-Meditation mit Worten bzw. Sätzen gearbeitet, genauer gesagt mit einem Set von vier Sätzen. Diese Sätze ergeben sich aus unseren Grundbedürfnissen als Lebewesen. Alle Lebewesen möchten in Sicherheit und Geborgenheit, frei von inneren und äußeren Gefahren ein unbeschwertes Leben führen. Die klassischen Metta-Sätze heißen:

> Mögest du glücklich sein.
> Mögest du frei von inneren und äußeren Gefahren leben.
> Mögest du gesund sein.
> Mögest du unbeschwert durch deinen Alltag gehen.

Diese Metta-Sätze werden wie Perlen auf einer endlosen Schnur immer in derselben Reihenfolge und Formulierung innerlich leise gesprochen und unablässig im Geist wiederholt. Dadurch sammelt der Geist Konzentration, man kommt zur Ruhe und das ganze Wesen wird mit wohlmeinender Aufmerksamkeit erfüllt.

Metta-Meditation wirkt wie ein schützendes Cape, das uns wärmt, unser Selbstvertrauen stärkt und Ängste verscheucht. Über die persönlichen Empfindungen hinausgehend wird durch die Metta-Übung eine ethische Qualität erzeugt, ein gezielter Wunsch, allem Leben mit Ehrfurcht zu begegnen und die Schwierigkeiten aus dem Weg zu räumen, die in zwischenmenschlichen Beziehungen existieren. All die Vorbehalte und Erwartungen, die sich zwischen mir und dem Anderen auftürmen, drängen durch die Metta-Meditation ins Bewusstsein und müssen wach angeschaut werden. Metta hat eine tief reinigende Wirkung. Die Unfähigkeit zur Liebe, Neid und Missgunst kommen ans Tageslicht, Grausamkeit zeigt sich, die Schattenseiten werden durchleuchtet.

Genau genommen vermischt sich in Metta (Weitherzigkeit, Herzenswärme) die Fähigkeit, den Schmerz von anderen ebenso im eigenen Herzen zu spüren (Mitgefühl/Karuna), wie sich mit anderen zu freuen (Mitfreude/Mudita) und dabei die innere Gelassenheit (Gleichmut/Uppekha) zu wahren. Diese vier Geisteszustände werden die »Brahma Viharas«, die »göttlichen oder himmlischen Verweilungszustände« oder die »Unermesslichen« genannt. Viharas sind Wohnstätten, und Brahmanen gelten der indischen Tradition zufolge als hoch entwickelte Wesen, weil sie einen friedlichen, freien, tief gereinigten Geist haben. Die Wohnorte der Brahmanen sind aus geistiger Sicht also der beste Lebensraum auf Erden, und mit der Metta-Meditation peilt man an, sich dort heimisch zu machen. Die Vier Brahma Viharas sind also die himmlischen Wohnstätten, unermesslich, grenzenlos und frei.

Wer Metta, Karuna, Mudita und Upekkha nicht klar erkennen kann, verwechselt sie leicht mit Gefühlen, die sehr ähnlich erscheinen, die bei genauerem Hinschauen aber doch gegensätzlich sind. In der buddhistischen Lehre werden diese Gefühle die

»nahen Feinde« genannt, ich nenne sie »das Missverständnis«. Die »nahen Feinde« sind zu unterscheiden von den »fernen Feinden«, die das krasse Gegenteil von Liebe, Mitgefühl, Mitfreude und Gleichmut sind. Die nahen und fernen Feinde von Metta sind natürliche Hindernisse auf dem Weg in die himmlischen Wohnstätten, mit denen jeder von uns ringen wird.

Die vier Brahmaviharas

	Das Missverständnis Naher Feind	Das Gegenteil Ferner Feind
Metta Liebe Herzenswärme Wohlwollen	Fixiert sein	Böswilligkeit
Karuna Mitgefühl	Mitleid	Grausamkeit
Mudita Mitfreude	Idealisierung	Neid und Eifersucht
Upekkha Gleichmut	Gleichgültigkeit	Reaktivität

Im Aufbau des Buches orientiere ich mich am traditionellen Lehrschema. Es werden nacheinander Metta, Mitgefühl, Mitfreude und Gelassenheit vorgestellt. Zu jedem dieser Kapitel gehört auch die Auseinandersetzung mit den gegensätzlichen Gefühlen, die durch die Meditation aktiviert und bereinigt werden. Bevor es jedoch um die vier wundervollen Herzgeist-Zustände geht, die wir durch Metta-Meditation kultivieren können, werden in den nächsten drei Kapiteln Voraussetzungen besprochen, die den Boden bereiten, auf dem die ersten Metta-Übungen gedeihen können.

ÜBUNG

Nehmen Sie sich etwa fünfzehn Minuten Zeit zum Meditieren, und erinnern Sie sich an die erste Übung, das genaue Wahrnehmen der Empfindungen im Körper, besonders in den Füßen. Erforschen Sie einige Minuten all die unterschiedlichen Empfindungen im Körper, Bewegung, Härte, Pochen, Fülle, Anspannung etc. Dann spüren Sie Ihre Sitzhaltung.

Stellen Sie sich vor, Ihre Wirbelsäule ist der kräftige Stängel einer Sonnenblume, die Wurzeln reichen durch das Kreuzbein und den Beckenboden tief in den Boden hinein, die Blüte aber ist genau dort, wo Sie Ihr Herz lokalisieren – wobei dieser Ort nicht identisch sein muss mit dem physischen Herz. Spüren Sie die Nahrungssäfte der Erde in der Pflanze aufsteigen und stellen Sie sich vor, dass die Sonne scheint und die Blüte sich zum Licht neigt und immer weiter öffnet. Vielleicht wird der ganze Herzraum dabei weiter und wärmer. Sie können auch statt der Sonnenblume eine andere Blüte als Symbol für Ihr Herz wählen. Lassen Sie die Blume leise im Rhythmus Ihres Atems schwingen, wie ein Grashalm im sanften Sommerwind, so lange es angenehm ist. Im Talmud steht: Jeder Grashalm hat seinen Engel, der sich über ihn beugt und ihm zuflüstert: »Wachse, wachse.«

Achtsam sein

Achtsames Wahrnehmen ist liebevolles Wahrnehmen. Wer mit Achtsamkeit durch seinen Alltag geht, schenkt allem sein Bestes.

An manchen Tagen kann ich meine Brille einfach nicht finden. Ich gehe von Zimmer zu Zimmer, stöbere in Bad und Küche, versuche, mich zu erinnern, wann ich sie zuletzt getragen habe, doch die Brille bleibt unauffindbar. Weil ich sie brauche, werde ich langsam aufgeregt. Irgendwo muss sie ja sein, aber es ist schwierig, ohne Brille mein zartes, minimalistisches Brillengestell zu finden. Dabei gibt es eigentlich nur ein paar Plätze, wo ich sie immer hinlege, wenn ich sie nicht brauche. Doch diesmal hat sie offenbar ein ganz besonderes Versteck. Ich muss eine alte, abgelegte Brille aus der Schublade hervorholen, um meine Brille zu finden. Immerhin ist die alte Brille am rechten Platz, eingewickelt in ein Brillentuch, verstaut in einem festen Etui. Ich packe sie aus, setze sie auf die Nase und staune, bin geradezu schockiert, denn ich sehe jetzt noch schlechter, weil nun zwei Brillen auf der Nase sitzen. Wo, um Himmels willen, war in den letzten fünf Minuten mein wacher Geist?

In unserem Alltag machen wir alle Erfahrungen von Abwesenheit. Wir handeln automatisch und können uns hinterher nicht mehr erinnern, wie wir mit dem Auto den Weg durch die Stadt gefunden haben. Wir schreiben etwas auf, legen es an einen sicheren Platz und vergessen, wo dieser sichere Platz ist. Gedächtnis und Bewusstsein scheinen uns einfach nicht zu gehorchen.

Um unseren normalen Alltag zu bewältigen, brauchen wir alle ein grundsätzliches Potential an Aufmerksamkeit, das uns ermöglicht, über die Straße zu gehen, uns nicht mit dem Hammer auf den Finger zu schlagen und das heiße Wasser nicht zu vergießen. Über dieses alltägliche Maß an Aufmerksamkeit hinaus kennen wir auch alle Phasen von erhöhter Aufmerksamkeit in schwierigen, fordernden Situationen, zum Beispiel bei einem Examen, bei der Führerscheinprüfung, wenn wir zur Rede gestellt werden, wenn wir einen Vortrag halten müssen, wenn wir etwas verloren haben und es suchen. Erhöhte Aufmerksamkeit können wir alle für kurze Zeit aktivieren.

Die Art von Aufmerksamkeit, die hier als Achtsamkeit bezeichnet wird, unterscheidet sich von der alltäglichen Aufmerksamkeit dadurch, dass sie sich auf die Wahrnehmung selbst ausrichtet. Sie versucht wahrzunehmen, wie Wahrnehmung funktioniert, um den Wahrnehmungsprozess als solchen zu erkennen. Manche sagen statt Achtsamkeit »Gewahrsein« oder »Aufmerksamkeit« oder »Präsenz«. Mit all diesen Begriffen wird ein Zustand innerer Wachheit umschrieben, in dem bewusstes Empfinden im Körper, waches Erfassen unseres Herzgeistes und gleichzeitiges Erkennen des äußeren Geschehens einbegriffen sind.

Mit Hilfe unserer sechs Sinne erschaffen wir die Welt, ohne Sinneswahrnehmung würde nichts für uns existieren. Je ausgefeilter unsere Achtsamkeit wird, desto mehr beschränkt sie sich auf die Wahrnehmung des reinen, ursprünglichen Sinnesreizes und interpretiert nicht, vergleicht nicht, bewertet nicht, verurteilt und zweifelt nicht, denn Achtsamkeit ist eine liebevoll beobachtende Kraft, die Wahrnehmung unserer Erfahrung im gegenwärtigen Augenblick! Der Pali-Begriff »sati« bedeutet »achtsam sein« und gleichzeitig auch »sich erinnern«. Auch im Tibetischen wird Achtsamkeit mit der Erinnerungskraft gleichgesetzt. In der

Essenz ist Achtsamkeit die bewusste Wahrnehmung, das Erinnern der Reize, die durch die sechs Sinnestore zur Welt einströmen.

Menschen, die verliebt sind, beschreiben oft, dass ihre Wahrnehmung von der Welt dramatisch verändert erscheint. Sie sehen den geliebten Menschen plötzlich »mit anderen Augen«, die Umrisse in der Welt erscheinen schärfer und klarer, sie hören viel mehr Details, das Leben hat lauter neue Farben. Durch die Liebe öffnen sich unsere Sinnesorgane, sie möchten so viel wie nur möglich aufnehmen. Lieben und Erwachen ist spürbar miteinander verbunden. Achtsames Wahrnehmen ist liebevolles Wahrnehmen. Wer mit Achtsamkeit durch seinen Alltag geht, schenkt allem sein Bestes.

Unsere übliche, wenig achtsame Alltagserfahrung sieht anders aus. Unachtsames Leben wirkt im Allgemeinen blutleer, roboterhaft, konditioniert, nicht spontan, sondern unbeweglich und vorgeschriebenen Abläufen folgend. Wir arbeiten im Haushalt oder Garten, wir fahren Auto und spielen mit den Kindern und sind dabei in Gedanken ganz woanders, erfüllt von wechselnden Gefühlen, immer weit weg vom gegenwärtigen Moment. Wenn Achtlosigkeit den Tag bestimmt, lassen sich viele Elemente unseres Erlebens nicht unter einen Hut bringen. Von unseren Stimmungen und Launen mitgerissen, fühlen wir uns aufgebracht, überwältigt, kommen schwer zur Ruhe, verstehen uns und die Welt nicht mehr.

Es ist der Herzgeist, der die Achtsamkeit pflegt und die Tore der Wahrnehmung im Blick behält. Im Buddhismus gilt auch der Herzgeist als Sinnesorgan. Wir nehmen bewusst wahr, was wir sehen, hören, fühlen, schmecken, riechen und was im Herzgeist geschieht. Richten wir unsere Aufmerksamkeit auf den Herzgeist, spüren wir Gefühle, sehen Bilder, Erinnerungen, Visionen und erkennen Zusammenhänge, Gesetzmäßigkeiten.

Körperempfindungen und Gefühle werden wahrgenommen, ohne dass man sie gleich ausleben muss. Im geduldigen Üben achtsamer Wahrnehmung entsteht eine innere Distanz, die einen gesteigerten Realitätssinn bewirkt. Man weiß, was man erlebt. Auch wenn durch Achtsamkeit Schwierigkeiten, innere Gegensätze und Widerstände deutlicher hervortreten, führt das achtsame Erleben eher zu einer inneren Lösung. Achtsamkeit entspannt, weil sie nichts zu verändern sucht. Jeder Moment von Achtsamkeit ist ein Schritt in die Freiheit. Gelassenheit und Gleichmut sind in Achtsamkeit begründet. Das Ziel von Achtsamkeit ist, vollständig wach im Herzgeist anwesend zu sein, denn gelebtes Leben gibt es nur jetzt, nicht in der Vergangenheit, nicht in der Zukunft.

Anfang dreißig bin ich zwischen Europa und Kalifornien herumgereist, ohne ein festes Zuhause zu haben. Ich habe in verschiedenen Städten bei Freunden gelebt, gearbeitet und studiert. Überall erkundigte ich mich nach Lehrerinnen, hörte von Irina Tweedie in London, von Nadine Cornelius in Roseburg, von Magda Proskauer in San Francisco. Ich wollte endlich von einer weisen Frau unterrichtet werden, nachdem in meiner Gestaltausbildung, meinem Körpertherapietraining und auch in der Meditationspraxis hauptsächlich männliche Lehrer das Feld bestimmten.

Als ich wieder einmal Unterschlupf bei Freunden in Berlin fand, lernte ich die damals neunzigjährige Frieda Goralewski kennen, die von allen liebevoll Gora genannt wurde. Menschen kamen von weither, um an ihrem Körper-Unterricht teilzunehmen und bei ihr Heilung zu suchen. In den zwanziger Jahren hatte Gora von Elsa Gindler eine Atem- und Körpergymnastik erlernt, die sie in den folgenden Jahrzehnten zu ihrer eigenen Methode weiterentwickelte. Heute ordnet man ihre Arbeit unter Begriffen wie Sensory Awareness, Atemarbeit oder Körperachtsamkeitstraining ein. Sechzig Jahre lang hatte Gora täglich viele Stunden nichts anderes geübt, als die Aufmerksamkeit immer und immer wieder auf die Sinnesempfindungen im Körper und auf den Fluss des Atems zu richten.

Gora war blitzwach und auf eine geradezu revolutionäre Weise gegenwärtig. Vergangenheit und Zukunft schienen für sie nicht zu existieren. Fragen nach früheren Zeiten in ihrem Leben überhörte sie gezielt. Ein Leben nach dem Tod erklärte sie zum Witz, Gott und Religion waren für sie nur tröstende Vorstellungen, die sich unglückliche Menschen machen mussten. Für sie existierte nur die Erfahrung in diesem Augenblick – das war alles.

Gora war eine eindrucksvolle Persönlichkeit, vielleicht gerade eineinhalb Meter lang, dünn und gebrechlich, eigentlich nur noch Haut und Knochen, aber mit einer tiefen Stimme. Gora lebte damals hauptsächlich von schwarzem Kaffee und Kartoffelbrei und arbeitete immer noch zehn Stunden täglich. Nachts schlief sie höchstens fünf Stunden und tagsüber pflegte sie die Kunst des Sekundenschlafs – mitten während des Unterrichts, wenn wir mit aller Aufmerksamkeit ihren Anleitungen zur bewussten Körperwahrnehmung folgten, nickte sie plötzlich ein, ihr Kopf sank auf die Brust, ihr Sprachfluss wurde unterbrochen und – eh es jemand von den eifrig forschenden Schülern bemerkte – nach wenigen Sekunden fortgesetzt.

Einmal saß ich bei ihr im Unterricht weit hinten. Wir übten mit geschlossenen Augen im Schneidersitz geduldig, Wirbel um Wirbel sauber übereinander zu legen, als sie plötzlich sagte:

»Marie, machen Sie noch ein bisschen mehr Raum zwischen Ihrem elften und zwölften Brustwirbel.«

Nachdem ich mich darauf konzentriert hatte, stellte sie fünf Minuten später fest: »Sehr gut, so hat der Atem doch viel mehr Platz.«

»Beim Aufwachen am Morgen müsst ihr gleich den ersten Atemzug bewusst wahrnehmen«, predigte sie, »und am Abend immer den letzten Atemzug vor dem Einschlafen spüren.«

Als jemand sie bat, ihre Arbeit zu erklären, sagte sie: »Das kann man nicht erklären. Hier geht es um unser lebendiges Sein. Wie soll ich das in Worte stecken. Setzen sie sich hin und spüren sie in sich hinein, dann kommen alle Antworten auf ihre Fragen.«

Die Essenz ihrer Lehre bestand in dem Vertrauen auf die innere Weisheit des Körpers. Wir übten, die selbst konstruierten Hindernisse aus dem Weg zu schaffen, die in Form von Vorstellungen und konditioniertem Verhalten den Körper blockieren. Gora sagte: Der menschliche Körper ist perfekt gebaut, um all seine Aufgaben zu erfüllen. Es ist der Geist, der sich in die körperlichen Abläufe einmischt und alles durcheinander bringt. Aber wenn wir uns Zeit nehmen, genau auf den Körper zu hören und zu spüren, was der Körper braucht, dann können wir zurückkehren zu seiner natürlichen Funktion und der ererbten Weisheit des Körpers, die in jedem von uns steckt. Reines Wahrnehmen führt uns zurück zu unseren Quellen.

So übten wir Tag für Tag, Stunde um Stunde, einen Arm zu heben, Schritte zu machen oder vom Liegen ins Stehen zu kommen. Wir versuchten alle Muskeln, die für eine Bewegung gebraucht werden, detailliert zu erspüren, um dadurch ein inneres Bild von den Körperabläufen zu gewinnen.

Im Verlauf dieses Spürens löste sich simultan mit den körperlichen Knoten natürlich manch psychischer Schmerz, doch Gora wollte davon nichts wissen. Sie sagte nur: »Spürt noch tiefer in euch hinein und versucht von ganzem Herzen zu verstehen, wie wichtig es ist, sich seiner eigenen Natur bewusst zu sein, zu wissen, wer ihr seid. Ist das nicht das Ziel allen Wachsens?«

Als sie starb, strömte ihr Körper noch Tage nach ihrem Tod einen besonderen lieblich-blumigen Duft aus, und sie schlummerte wie ein glückliches Kind in ihrem geschnitzten Holzbett, weil es durch eine List gelungen war, sie länger im Haus zu behalten, als die Behörden es erlaubten.

Vipassana-Meditation ist die konsequenteste Form der Achtsamkeitsübung, weil es in dieser Meditationsform darum geht, die Kontinuität der achtsamen Wahrnehmung zu trainieren. Das Meditationsobjekt, an dem sich der Geist ausrichtet, ist der gegenwärtige Moment. Da in diesem Buch die Metta-Meditation im Mittelpunkt steht, Vipassana aber oft erwähnt wird, möchte ich diese Meditationsform kurz vorstellen.

In seinen Lehrreden über die »Vier Grundlagen der Achtsamkeit« (Satipatthana Sutta) und über das »Bewusste Atmen« (Anapanasati Sutta) gibt der Buddha Kernanweisungen für diese Meditationstechnik, die in buddhistischen Klöstern Asiens seit mehr als zweieinhalbtausend Jahren bis zum heutigen Tag gepflegt wird. Doch bis zur Mitte des vergangenen Jahrhunderts war diese Praxis der Stille hinter Klostermauern verborgen. Suchende aus westlichen Kulturen entdeckten Vipassana erst, als burmesische Mönche auch Meditationskurse für Nicht-Ordinierte gaben. Seitdem entwickeln sich im Westen zunehmend neue Lehrweisen, die auch moderne Psychologie und Wissenschaft miteinbeziehen.

Vipassana ist eine Meditationskunst, die inzwischen auf allen Kontinenten der Erde in Schweigekursen über ein Wochenende, zehn Tage, selten auch Monate intensivster Praxis gelehrt wird.

»Vipassana« bedeutet »Einsicht oder Verständnis gewinnen«. Man übt, in Sitz- und Gehmeditation alles, was wir erleben, aufmerksam und unmittelbar zu erfahren und diese Erfahrung kurz zu benennen. Am Beispiel der eigenen Atem- und Körperempfindungen untersuchen Vipassana-Meditierende den grundlegenden Wahrnehmungsprozess. Geduldig bemühen sie sich, jegliche Erfahrung so anzunehmen, wie sie gerade tatsächlich ist.

Nichts wird festgehalten, nichts wird abgewiesen. Dadurch wird immer klarer, dass unsere unwillkürlichen Antworten auf Ereignisse in der äußeren Welt eigentlich Reaktionen auf die subjektiven Empfindungen unserer inneren Welt sind. Durch die Praxis der Vipassana-Meditation verändert sich die Beziehung zu den eigenen Erfahrungen grundlegend. Mit Entschiedenheit und kontinuierlicher Übung erschließen sich tiefere Bewusstseinsschichten. Komplexe Geistesprozesse werden durch die Achtsamkeitspraxis so lange gefiltert, bis die ursprüngliche, reine Sinneserfahrung, also die Berührung von Sinnesobjekt und Sinnesorgan im Sinnesbewusstsein, als solche nachvollziehbar wird.

Achtsamkeit und Verständnis lösen zwanghafte Strukturen im Denken und Handeln. Bei täglicher Übung erlebt der Herzgeist einen stetigen Transformationsprozess. Einfachheit gewinnt Priorität. Raum und Ruhe stellen sich ein. Vipassana fügt die Mosaiksteinchen des Unbewussten langsam zu einem heilsamen Ganzen zusammen. Achtsame Wahrnehmung von Moment zu Moment wird zum Schlüssel für innere Verwandlung. Es bildet sich Konzentration und damit Tiefe des Erkennens, weil Achtsamkeit komplexe Alltagserfahrungen in kleine Schritte aufgliedert und uns hilft, unsere gegenwärtige Erfahrung ohne Abweisen und Festhalten-Wollen zu akzeptieren. Man fühlt sich immer mehr mit der lebendigen Quelle im eigenen Wesenskern verbunden, und aus dieser tiefen Nähe zu sich selbst erwächst Mitgefühl und ein natürlicher Respekt für das alltägliche Wunder des Daseins.

Vipassana und Metta-Meditation werden in Retreats oft zusammen unterrichtet, da sie sich gegenseitig bestens ergänzen. Es gibt aber auch Kurse, die nur eine der beiden Methoden vermitteln. Die Metta-Meditation gibt der Achtsamkeitsübung jedoch einen anderen Beigeschmack. Hier entwickelt sich die Fähigkeit, mit dem Herzen zu hören, mit dem Herzen zu sehen, mit dem

Herzen zu spüren. Es macht einen deutlichen Unterschied, ob ich einen Vogel einfach nur zwitschern höre oder ihn mit dem Herzen höre. Die Achtsamkeit ist auch dabei rein, hat aber weniger trennende Konturen, wird gleichsam mit einem Weichzeichner registriert.

In meinem ersten dreimonatigen Schweige-Retreat hatte ich ausgiebig Gelegenheit, die Kunst der Achtsamkeit zu studieren. Vom frühen Morgen bis in die Nacht hinein übten wir uns in Vipassana-Meditation. Kein Tagesabschnitt wurde ausgelassen. Ob unter der Dusche, beim Essen oder während der Küchenarbeit, immer war achtsame Wahrnehmung die zentrale Aufgabe. Die Hauswirtschaftsleiterin hatte mir einen Job zugeteilt, für den sich niemand freiwillig meldete: Zusammen mit zwei kräftigen Männern musste ich drei Monate lang nach dem Mittagessen das Kochgeschirr abspülen. Sobald ich gegessen hatte, begann ich Töpfe auszukratzen, einzuweichen und zu sortieren, damit sie in sinnvoller Abfolge unter der Hochdruckbrause geschrubbt werden konnten. An manchen Tagen, wenn besonders unerfahrene Köche die Mahlzeit bereitet hatten, sah es in der Küche aus, als wäre ein Orkan durch die Regale gefegt. Nichts stand mehr an seinem vorbestimmten Platz.

Schweigend arbeiteten wir drei in einer Reihe nebeneinander und wechselten von Tag zu Tag die Arbeitspositionen. Einer stapelte das Geschirr und weichte es ein, einer schrubbte die Töpfe und spülte sie aus, einer trocknete alles ab. An Tagen mit hoher Achtsamkeit registrierte ich jeden Schritt, jede Handbewegung vor dem Stahlbecken. Das Wasser perlte über die Topfwände, und funkelnde Spritzer glänzten im Mittagssonnenschein. Mir war nach Singen zumute, und ich liebte meine beiden Kollegen, den hingebungsvollen Bill, der mit Stahlschwämmen angebrannten Reis vom Topfboden schabte, und den mürrischen Jay, der auf allen Positionen die Arbeitsabläufe bremste. An weniger achtsamen Tagen war ich voller widerspenstiger Gefühle. In mir brodelte Lava, und der überhöhte Innendruck bäumte sich auf an meinem Unwillen und Widerstand. Meist stand gerade dann Jay als Erster in der Reihe und wischte langsam wie eine Schnecke mit dem Spüllappen über klebrige Topfböden. Ich konnte kaum hinschauen vor Wut. »Nimm besonders jene Momente wahr, in denen die Aufmerksamkeit nachlässt«, sagte mein Lehrer.

Aufmerksamkeit, die durch das Herz fließt, ist die Essenz der Metta-Meditation. Das Training der Achtsamkeit bringt Atempausen in den Alltag und damit Bewusstsein und Verständnis unserer inneren Prozesse. Wenn unsere Sensoren in alle Himmelsrichtungen geöffnet sind, kann es gelingen, die direkte Verbindung zur eigenen Wahrheit herzustellen, die unter den Erwartungen und Anforderungen, wie wir zu sein haben, begraben liegt. In der lebendigen Verbindung zu unseren eigenen Impulsen fühlen wir uns immer authentischer. Mit der Zeit lernt man zwischen eigenem Wollen und anerzogenem Sollen zu unterscheiden. Es fällt nicht mehr so schwer zu unterscheiden, was uns eingeredet wurde und was den eigenen Bedürfnissen entspricht. Man lernt, dass Schmerz oft das Ergebnis von eigenem Verhalten ist und dass wir alles, was wir uns selbst zubilligen, auch anderen schenken können, alles, was wir uns selbst verweigern, auch anderen versagen.

Wiederholt bewusste Erfahrung bewirkt, dass wir klare Schlüsse ziehen können und sinnvolle Entscheidungen treffen. Selbstverantwortung wird durch Achtsamkeit belebt. Eine achtsame Studentin erlaubt sich nicht, bis zum frühen Morgen in der Kneipe zu sitzen, wenn sie eine wichtige Klausur schreiben muss. Ein achtsamer Schüler verpasst nicht jeden Morgen die Straßenbahn. Ganz allmählich lernt man durch achtsames Wahrnehmen, was sich gut und sinnvoll anfühlt, was man lassen und was man stärken möchte. Achtsamkeit hat deshalb rettende Qualität und ist der Universalschlüssel zum Innenleben. So wie Marathonläufer sich auf ihrer Strecke immer wieder etwas zum Trinken reichen lassen, brauchen wir auf unserem Weg jeden Tag erfrischend belebende Achtsamkeit, Quellwasser, das aus dem Herzgeistraum entspringt.

ÜBUNG

Die 7-Punkte-Meditation

Anwesenheit im Körper ist das Fundament von Achtsamkeit. Die 7-Punkte-Meditation weckt und unterstützt Ihre Anwesenheit in Ihrem Körper.

In der 7-Punkte-Meditation peilen Sie in ruhigem Rhythmus nacheinander mit Ihrer Aufmerksamkeit sieben Bereiche im Körper an. Stellen Sie sich vor, Ihre Aufmerksamkeit wirkt wie eine Taschenlampe, mit der Sie Punkt für Punkt ableuchten und dabei möglichst differenziert spüren, was Sie in dem beleuchteten Körperbereich wahrnehmen können. Hegen Sie bitte keine Vorstellung, in die Sie den Körper hineinzwingen. Wir versuchen uns in der Meditation überall im Körper so weit wie möglich zu entspannen, oft gelingt das jedoch nur teilweise, und dann spürt man eben in aller Ruhe seine Spannungen, ohne sie zu verurteilen oder wegzuwünschen. »Es ist, wie es ist« – und das, was ist, möchte ich spüren.
Die 7-Punkte-Meditation kann – ebenso wie die Metta-Meditation – in allen Lebenslagen geübt werden. Sollten Sie z. B. bettlägerig sein oder nachts nicht schlafen können, üben Sie

im Liegen. Ob an der Bushaltestelle, im Flugzeug, beim Einkaufen oder bei der Gartenarbeit, Achtsamkeit im Körper können Sie überall stärken. Beginnen Sie jede Meditationsphase mit fünf bis zehn Minuten der 7-Punkte-Meditation, und erinnern Sie sich im Laufe eines Tages so oft wie möglich an diese Punkte.

Punkt 1:

Stellen Sie sich vor, dass eine gute Fee einen goldenen Augentrost-Tropfen in jeden Ihrer beiden äußersten Augenwinkel gibt. Spüren Sie die entspannende Wirkung in den Augenwinkeln und im Schläfenbereich, die vielleicht schon die Ahnung eines Lächelns hervorruft.

Punkt 2:

Spüren Sie, wie Ihre Zunge im Mund liegt und lassen Sie die Zunge breit, weich und entspannt werden. Dann spüren Sie, wo die Zungenspitze in diesem entspannten Zustand die Zahnreihe berührt.

Punkt 3:

Wandern Sie mit der Aufmerksamkeit hinter den Ohren, am Schädelrand entlang hin zu den beiden ersten Halswirbeln, Atlas und Axis, die den Schädel tragen und Bewegung in alle Himmelsrichtungen ermöglichen. Suchen Sie Ihren Kopf so zu halten, dass Sie das Gefühl haben, der Kopf ruht weich, entspannt und mühelos zwischen den Schultern, wie in einem Eierbecher.

Punkt 4:

Spüren Sie die hinteren unteren Ecken Ihrer beiden Schulterblätter. Lassen Sie die Schulterblätter nach hinten unten sinken. Dadurch öffnen sich Herzraum und Atmung ganz zart.

Punkt 5:

Tasten Sie mit den Fingerspitzen Ihr Kreuzbein am unteren Ende der Wirbelsäule aufmerksam ab, und spüren Sie das kleine Schwanzende, das Steißbein. Zu der untersten Spitze von dem Steißbein soll die Aufmerksamkeit gehen, verbunden mit der Vorstellung, dass ein Lot, angebunden an das Steißbein, zur Mitte der Erde hin pendelt. Stellen Sie die innere Verbindung zwischen dem Steißbeinende und dem Mittelpunkt der Erde her.

Punkt 6:

Spüren Sie Ihre zehn Fingerspitzen. Findet irgendwo Berührungskontakt an den Fingerspitzen statt? Nichts verändern, nur wahrnehmen, wie es ist.

Punkt 7:

Spüren Sie Ihre zehn Zehenspitzen. Findet irgendwo Berührungskontakt an den Zehenspitzen statt? Nichts verändern, nur wahrnehmen, wie es ist.

Wenn Sie in Ruhe nacheinander die sieben Punkte erspürt haben, beginnen Sie wieder von vorne und machen so viele Duchläufe, wie es Ihnen gefällt. Lassen Sie auch genügend

Raum zwischen den Durchläufen, um zu schauen, was sonst noch im Körper fühlbar ist. Nehmen Sie die Unterschiede wahr, benennen Sie für sich selbst, was Sie spüren – der Körper verändert sich von Moment zu Moment. Freuen Sie sich an Ihrer Lebendigkeit. Verneigen Sie sich innerlich mit Respekt und Dankbarkeit vor diesem höchst komplexen Wunderwerk der Natur, das wir Körper nennen und in dem wir unser Zuhause haben.

Verstehen

Je genauer wir spüren, hören, sehen, schmecken, je präziser unsere Wahrnehmung wird, desto mehr können wir verstehen.

Wenn wir Lieben lernen wollen und uns die innere Welt erschließen möchten, geht es zuerst einmal darum, Verständnis zu entwickeln. Sorgfältiges Wahrnehmen, das mit zunehmender Übung Achtsamkeit genannt werden kann, vertieft sich durch spontane Einsichten in Zusammenhänge. Aus kontinuierlicher Achtsamkeit wächst ein natürliches Verstehen, das im Kontakt mit anderen Menschen schon als Zuneigung empfunden wird. Wenn uns jemand aufmerksam zuhört und verständnisvoll mit dem Kopf nickt, fühlen wir uns gleich angenommen. Auf allen Etappen unseres inneren Weges sehnen wir uns nach Verständnis, denn nur dadurch lösen sich Missverständnisse und Probleme allmählich auf. Geschehen und Erleben brauchen ihren Platz im Geist. Wir möchten die klärende und lösende Wirkung geistiger Ordnung genießen, die mit dem Verstehen einhergeht.

Wie oft sind wir uns selbst fremd und kennen nicht die Gründe für unser Verhalten. Es irritiert mich zutiefst, wenn ich etwas sage, was ich schnell bedauere, wenn ich etwas verspreche, und sogleich weiß, ich kann es gar nicht einhalten. Ich möchte verstehen, warum ich einen Kloß im Hals spüre und Schweißausbrüche bekomme. Ich möchte verstehen, was mir hilft, gesund zu werden und die Wahrheit zu sagen. Kinder möchten von den Eltern verstanden werden und Mitarbeiter von ihren Vorgesetzten. Der Satz: »Das kann ich gut verstehen!«, wirkt in jedem Gespräch lösend und beruhigend, denn verstehen heißt: Nicht bewerten, nicht beurteilen, nicht gleich ändern und verbessern wollen, sondern sich in den anderen hineindenken und Raum geben für bewusstes Erfahren und Anerkennen dessen, was ist. Wir lernen zu verstehen, indem wir wach hinhören und neue Zusammenhänge aufdecken, indem wir erspüren, was uns und andere bewegt, bevor wir voreilige Schlüsse ziehen. Um uns und andere im Verhalten, Empfinden und in allen Widersprüchen zu verstehen, brauchen wir Geduld sowie die Bereitschaft, genau hinzusehen und unsere Interpretation der Wirklichkeit für eine Weile hintenan zu stellen.

Verständnis und Liebe bedingen einander. Verständnis öffnet die Tore zur Innenwelt. Wenn wir Lieben üben möchten, brauchen wir Interesse und Verstehenwollen. Wer sich verstanden fühlt, wagt es, sich zu offenbaren. Am Anfang jeder liebevollen Begegnung, egal ob mit sich selbst oder mit einem anderen Menschen, steht das Verstehen. Das klingt leichter, als es ist, denn wir haben an unserem Verhalten so viel auszusetzen, wir wollen uns so oft anders sehen.

Ein Mann sucht wegen einer akuten Ehekrise Rat bei seiner spirituellen Meisterin. »Du musst lernen, deiner Frau ganz genau zuzuhören«, rät die Meisterin. Der Mann befolgt den Rat und kommt vier Wochen später wieder, um zu berichten, dass er sehr genau auf jedes Wort seiner Frau gehört hat.

Die Meisterin lächelt: »Als Nächstes musst du nun lernen, auch die Worte zu hören, die sie nicht ausspricht.«

Zwei Menschen

Wir reden.
Wir reden dauernd
aneinander vorbei.

Wir reden.
Wir reden uns
immer weiter auseinander.

Vielleicht
schweigen wir uns
wieder zusammen.

Lothar Zenetti[4]

Verstehen braucht liebevolles Hinhören und intuitives Vernetzen aller Signale, die ich aufnehme. Vieles wird wortlos kommuniziert. Wir spüren den Gesichtsausdruck unserer Freundin im eigenen Bauch. Wir reagieren auf die Stimmlage oder den Ton mehr als auf den Inhalt von Worten. Wenn es uns gelingt, die Art, wie wir sind, geduldig zu reflektieren, wenn wir uns erlauben, ohne Abwehr oder Verlangen erst einmal zu spüren, ohne sofortiges Handeln zu erwarten, dann wird Veränderung ganz von selbst einsetzen. Verweilen im Raum der Empfindung und des Nachspürens und etwas von ganzem Herzen akzeptieren ist ein verlässlicher, aber auch geheimnisvoller Mechanismus, der Wunder wirkt.

»Seltsam paradox ist, dass ich mich erst dann verändern kann, wenn ich mich akzeptiere, wie ich bin«, sagte auch der Begründer der Gesprächstherapie, Carl Rogers.

Die phänomenale Kraft, die in der reinen Akzeptanz steckt, wird meist unterschätzt. Sobald wir lernen, den Augenblick zu würdigen und uns zum jetzt Erlebten zurückzurufen, entdecken wir vorauseilende Gedanken und einengende Vorstellungen. Wir spüren geradezu körperlich, wie unbeweglich wir im Korsett unserer Ansichten eingeschnürt sind. Die Sehnsucht nach freiem Atem und einem offenen Herzen führt uns zum Körper zurück. Innere Empfindungen signalisieren sehr deutlich, was wir brauchen. Je differenzierter wir die Signale unseres Körpers hören und verstehen können, desto intensiver erleben wir jeden Tag, und wir erkennen immer besser, worauf es wirklich ankommt. Unsere gewohnheitsbedingten Kontrollmechanismen lockern sich allmählich und geben spontanen Impulsen, die aus dem Inneren aufsteigen, mehr Raum.

Viele Menschen wissen anfangs nicht, welcher Impuls vertrauenswürdig ist und welcher gezügelt werden sollte. »Soll ich heute Abend ausgehen oder besser zu Hause bleiben? Muss ich diesen Brief beantworten oder kann ich ihn erst einmal liegen lassen?« Wenn Zweifel auftaucht, ist es hilfreich, sich zu fragen: Welches Körpergefühl begleitet mein Vorhaben? Um das herauszufinden, braucht man Ruhe und aufmerksames Spüren der inneren Regungen. Man kann sich die Möglichkeiten für den Abend ausmalen, visualisieren, und dabei beachten, welche Signale vom Körper kommen. Wo zeigen sich Erleichterung, Druck, oder Ähnliches. Welche Rückschlüsse erlauben die Körperempfindungen?

Im Anschluss daran entsteht die Frage nach den Konsequenzen der verschiedenen Handlungsmöglichkeiten.

Der Buddha regte an, die eigenen Entscheidungen auf versteckte Absichten hin zu überprüfen. Welche Folgen wird mein Handeln haben? Diese Frage ist entscheidend, denn die Frage nach den Konsequenzen, nach dem, was wir als sinnvoll ansehen, ermöglicht, sinnvolles von schädlichem Handeln zu unterscheiden. »Wenn ich daran denke, heute Abend wieder auszugehen, spüre ich einen leichten Druck im Magen. Ich schaffe dann nicht, die Dinge auf meinem Schreibtisch zu erledigen. Ich hätte zwar große Lust, unter Menschen zu sein, aber morgen würde ich kreuzunglücklich sein, weil die Rechnungen immer noch nicht überwiesen sind.«

Man muss sich die Zeit nehmen, genau und differenziert zu spüren, was im Inneren gesagt wird. Oft liegen mehrere Schichten übereinander: Da ist Hunger bei der Heimkehr von der Arbeit, da ist die Lust, Freunde zu treffen und nicht allein zu sein, da ist die Abwehr, sich mit Putzen und Aufräumen zu beschäftigen. Das kann man verstehen. Trotzdem bleibt man sitzen und hört geduldig auf die folgenden Signale. Eine innere Stimme sagt: »Jeden Abend rennst du fort. Jetzt nimm dir mal Zeit, auf andere Weise für dich zu sorgen. Verwöhne dich zu Hause. Lass dir eine Pizza ins Haus bringen und setz dich anschließend an deinen Schreibtisch. Erledige die zwei wichtigsten Dinge – wenn du danach ausgehen willst, kannst du es immer noch tun.«

Es braucht Übung, die Sprache der Intuition von der scharfen, zensierenden Stimme des inneren Kritikers in uns zu unterscheiden. Je besser uns das gelingt, desto eindeutiger verstehen wir die Signale, die aus Herz und Bauch aufsteigen. Es kann vorkommen, dass wir jemanden anrufen wollen, von dem wir lange nichts gehört haben. Vielleicht sind wir in der letzten Begegnung unklar gewesen. Jetzt vermissen wir den Kontakt. Eine Seite in uns sagt: »Melde dich, nimm Verbindung auf.« Der innere Kritiker sagt: »Vergiss die Frau. Ich hätte nicht gedacht, dass du solche Menschen brauchst.« In Momenten des Zweifels kann vielleicht das Herz wegweisend antworten. Es urteilt nicht, es erwartet nichts, es möchte einfach nur Zeichen setzen und lösend wirken. Das Vertrauen in die Weisheit des Körpers wächst, wenn sich gesunde Impulse durchsetzen können und alltägliche Erfahrungen immer heilsamer werden. »Try again, fail better!« (»Versuch's noch einmal und mach's besser falsch!«), riet Samuel Beckett einem jungen Schriftsteller. Die geduldige Bereitschaft, eigene Fehler zu sehen und nicht zu verzagen, ist ebenso Voraussetzung für inneres Wachsen wie Interesse und Forschergeist.

Wie entsteht Verständnis oder Wissen? Im Buddhismus wird Nicht-Wissen, Nicht-Verstehen, als Grundwurzel allen menschlichen Leidens angesehen. Deshalb ist das Ziel des buddhistischen Weges, vollständiges Verstehen und tiefe Einsicht aus eigener Erfahrung zu erlangen. Erfahrungswissen bildet sich durch Wahrnehmungsschulung, durch lückenlose Achtsamkeit, gewachsen im lebendigen Kontakt mit uns selbst und anderen. »All unser Wissen hat seinen Ursprung in der Wahrnehmung«, sagte Leonardo da Vinci. Je genauer wir spüren, hören, sehen, schmecken, je präziser unsere Wahrnehmung wird, desto mehr können wir verstehen. Fachwissen und professionelles Know-how entstehen dadurch, dass wir etwas immer wieder tun, jedes Mal ein bisschen hinzulernen und die Aufmerksamkeit ständig vertiefen. Im Laufe der Jahre verwandelt sich anfänglich zögerndes Verstehen in solides Wissen und – wenn Herz und Verstand gleichermaßen gebildet wurden – schließlich in Weisheit.

Wenn der ganze Mensch wahrnimmt und versteht, dann wird Weisheit zur Essenz des Verstehens. Weise berühren andere Menschen mit ihrer Einfachheit und Klarheit. Sie sprechen vom Herzen her. Sie fühlen sich mit allem verbunden, erkennen sich selbst in den anderen und vermeiden vergleichende Urteile. Sie möchten für andere da sein, sie denken lösungsorientiert, ohne dabei konfliktscheu zu sein. Weise leben im Fluss mit den Dingen, unspektakulär und dankbar zugleich. In alten Schriften werden Weise, Wissende, die Erwachten genannt, die Buddhas, denn die Wortwurzel »budh« bedeutet erwacht.

In unserer Gesellschaft schenken wir Wissenschaft und Technik höchste Bewunderung. Doch wer einen Nobelpreis bekommt, muss nicht weise sein. Auch Künstler und Politiker verkörpern viel zu selten Weisheit. Wenn wir einen weisen Menschen erleben, ob im Fernsehen oder durch ein Buch, atmen wir innerlich auf. Es wirkt beruhigend, dass es Menschen gibt, die ihr Streben neben aller Professionalität auch in die Entwicklung ihrer Herzenskräfte stecken. Wir brauchen Menschen, die nicht ständig werten und verurteilen, denen Gemeinsamkeit wichtiger ist als Trennendes. Wir brauchen Freundinnen und Freunde in unserem Umfeld, die es wagen, uns entscheidende Fragen zu stellen, die erkennen, was wir ausblenden. Im Gedankenaustausch mit Personen, die Vergleichbares erlebt haben, im Dialog mit Menschen, denen wir uns innerlich verwandt fühlen, im Gespräch mit unseren Lehrern und Lehrerinnen, können wir eigene Erfahrungen neu strukturieren und Erkenntnis daraus gewinnen.

Wissen und Kraft zum Erwachen schlummert in jedem von uns. Unterschiede ergeben sich allein aus der Entschiedenheit, mit der wir Achtsamkeit pflegen und Unverständnis aus dem Weg räumen. Ich staune immer wieder über die vielen Menschen, die erst in der zweiten Lebenshälfte mit Meditation beginnen und innerhalb weniger Jahre ihrem Leben völlig neue Inhalte geben. Überrascht von den ungeahnten Kräften, die in ihnen stecken, wagen sie den Verwandlungsprozess durch regelmäßiges Geistestraining, durch kontinuierlichen Energieeinsatz. Sie werden lebendiger, dankbarer und weiser. Die Impulse, die sie freilegen, geben sie an ihre Umwelt weiter. Sie engagieren sich ehrenamtlich und kümmern sich um ihre Enkelkinder. Sie inspirieren ihre Freunde und reichen ihnen die Hand bei den ersten Schritten in ein neues Leben. Sie sind ein lebendiges Beispiel dafür, dass diejenigen, die sich entscheiden, einen inneren Weg zu gehen, mit Sicherheit neue Ebenen des Bewusstseins entdecken.

ÜBUNG

Setzen Sie sich hin für ihre alltägliche Meditationsübung.

Richten Sie Ihre Aufmerksamkeit auf die Ohren. Nehmen Sie alles wahr, was über die Ohren zu Ihnen kommt. Bewerten und beurteilen Sie nichts. Nehmen Sie wahr, wie Geräusche den grenzenlosen Raum um Sie herum markieren und wie mühelos der Hörsinn arbeitet. Schallwellen kommen und gehen, ohne dass wir dafür etwas leisten müssen. Unser Gehörsinn funktioniert wie eine Antenne, hält nichts fest, leistet keinen Widerstand. Hin und wieder können Sie, wenn Sie ein Geräusch bemerken, leise im Geist zu sich sagen: Hören, hören – um sich zu vergewissern, dass alle Aufmerksamkeit beim Hören ist.

Nach beendeter Meditation behalten Sie auch im Alltag Ihre Wachheit für das Hören. Entscheiden Sie, wann alle Aufmerksamkeit in das Zuhören fließen sollte und wann Sie sich unnötig mit Geräusch belasten. Können Sie die Stille wertschätzen? »Verstehen – durch Stille«, empfiehlt Dag Hammerskjöld.

Vergeben

Im Prozess des Vergebens stellen wir nicht die schwierigsten Aufgaben an den Anfang. Wir beginnen mit den kleinen Situationen im Alltag und lassen den Schwierigkeitsgrad langsam ansteigen.

Die einfachste Bergwanderung ist ohne stabiles Schuhzeug und eine gute Karte nicht möglich – der Weg in die innere Landschaft beginnt mit Achtsamkeit und Verstehenwollen. Nun suchen wir den Schlüssel, der uns Zugang zu unseren Herzensgefühlen öffnet, damit die Metta-Meditationsübung gelingen kann. Es ist die Fähigkeit, zu verzeihen und zu vergeben, die das Herz weich macht. Deshalb stellt man in der traditionellen Metta-Meditationspraxis die machtvolle Übung des Vergebens an den Anfang formeller Übungszeiten. Im Bemühen um Vergebung nehmen wir Kontakt auf mit den ungelösten Schmerzen in uns und mit den Wunden, die wir anderen zugefügt haben. Die Trauer, die sich an diese Erinnerungen knüpft, stimmt die Übenden weich, und sie zeigt auch, wie tief wir alle miteinander verbunden sind. Jeder macht Fehler. Jede fügt anderen Schmerzen zu. Wir alle sind darauf angewiesen, ein offenes Herz zu finden, das bereit ist, Vergebung zu schenken.

Die wenigen Worte »Es tut mir Leid« kommen uns manchmal nur schwer über die Lippen, vor allem dann, wenn sie am dringlichsten ersehnt werden. Wir fühlen uns im Recht, wir haben getan, was wir konnten, und sehen nicht ein, warum sich unser Gegenüber schmollend zurückzieht. Wir wären wohl bereit, uns zu entschuldigen, aber die andere soll anfangen, soll auf uns zugehen und sich erklären. Wenn wir den ersten Schritt tun, sieht es vielleicht so aus, als würden wir damit eine Schuld eingestehen. Das lässt unser Gerechtigkeitssinn nicht zu.

Wir wollen andere damit strafen, dass wir den Kontakt abbrechen und Ressentiments gegen sie hegen. Sie sollen spüren, dass wir sie nicht mögen und dass wir nichts mit ihnen zu tun haben möchten. Manche haben uns verletzt, manche passen nicht zu unseren Ansichten – alle sollen die Konsequenzen fühlen. Wir können anderen ebenso schwer verzeihen wie uns selbst. Wir grenzen uns ab, im Herzen bauen wir Fronten auf, hinter denen wir uns verschanzen und einsam fühlen.

In jeder menschlichen Beziehung gibt es Schmerz. Ob absichtlich oder unabsichtlich – wir verletzen einander durch unsere Art zu reden, wir erfüllen Erwartungen nicht, wir nutzen andere aus, setzen uns selbst an die erste Stelle und missachten und ignorieren die Gefühle und das Wohlergehen anderer. Menschlich zu sein heißt, Fehler zu machen und nur ein Bruchstück von dem zu sein, was uns idealerweise vorschwebt.

Ein Priester fragt die Kinder im Religionsunterricht: »Wenn all die guten Menschen in der Welt rot wären und all die schlechten grün – welche Farbe würdet ihr dann haben?« Die kleine Anna denkt kurz und kräftig nach, dann meldet sie sich: »Ich würde rot-grün gestreift aussehen!«

Als Meditationslehrerin brauche ich den regelmäßigen intensiven Rückzug in die Stille. Dabei habe ich dann in langen Meditationsretreats reichlich Gelegenheit, mich zu erinnern, wie oft ich nicht zugehört habe, wie ich urteile und verallgemeinere in Situationen, in denen ein Einzelner in seinem höchst persönlichen Zusammenhang erkannt werden möchte. Ich sehe, wie ich mich abwende, wegschaue, nicht wissen will, wie ich falsche Hoffnungen wecke und kalt und unerreichbar bin. Es ist nicht leicht, sich selbst so mangelhaft zu sehen. Wir alle haben jeden

Tag Gelegenheit, in unzählige Fettnäpfchen zu treten. So sehr wir uns auch anstrengen, wir werden immer fehlerhaft sein. Die Wunden, die wir uns gegenseitig zufügen, können nur heilen, wenn wir verzeihen. Erst Vergebung erlaubt uns, eine schmerzliche Vergangenheit loszulassen und eine unbelastete Zukunft zu haben. Doch auch wenn wir erkennen, dass nachtragendes Grollen uns selbst am meisten belastet, wenn wir spüren, dass Rachegedanken uns verbittern und dass mit jedem Menschen, den wir verstoßen, ein Stück unseres Herzens abstirbt, zum Vergeben können wir uns nicht zwingen.

Zwei Kriegsgefangene treffen sich nach Jahrzehnten wieder.

»Hast du den Lagerkommandanten inzwischen vergeben?«, möchte der eine wissen?

»Ja.«

»Ich kann ihnen nicht vergeben, mich beherrscht immer noch ein mörderischer Zorn auf sie.«

»In dem Fall«, bemerkt der Freund, der vergeben konnte, »halten sie dich immer noch in Gefangenschaft.«

Wir brauchen Zeit und Raum für den Prozess des Vergebens, der in vielen Religionen zum Ideal erhoben wird, in unserem Alltag aber eher schwierig und unkontrollierbar verläuft. Wenn wir uns weigern zu verzeihen, leben wir in Zorn und Groll, vergiftet und verbittert, fest verknüpft mit einem verhassten Menschen, der vielleicht vor nicht allzu langer Zeit sogar ein Objekt unserer Liebe war. Hass wird nicht mit Hass geheilt – das ist eine uralte Wahrheit. Statt großherzig zu verzeihen halten wir an Hass und Rache fest und binden uns auf diese Weise negativ an das feindliche Gegenüber. Dadurch werden wir zu Gefangenen unserer eigenen destruktiven Gefühle, die uns selbst am meisten schmerzen. Scheidungsdramen sind aktuelle Beispiele dafür. Wenn es leicht wäre zu vergeben, würden nicht unzählige Eheleute und Kinder die Qualen leiden, die eine Trennung im Streit mit sich bringt.

Zu verzeihen und zu vergeben ist eine Fähigkeit, die geübt sein will. Selbst wenn man vergeben möchte, spielen die eigenen Gefühle nicht unbedingt mit. Es wird uns allen wohl tun, wenn wir lieber einmal mehr als einmal zu wenig »Es tut mir Leid« sagen und wenn wir uns Zeit nehmen, uns zu fragen: Wie kann ich vergeben? Heißt Vergeben gleich Vergessen? Muss man sich wieder ganz öffnen für die Person, der man vergibt? Gibt man damit nicht seinen inneren Schutz auf? Wie kann man sich verletzt und ungerecht behandelt fühlen und trotzdem alle Rachegefühle loslassen? Nicht jeder von uns ist ein Gandhi, der auf den Mann, der ihn eben noch umbringen wollte, zuging und ihm mitfühlend die Hand schüttelte mit den Worten: »Was soll nun aus dir werden, da du deinen Auftrag verfehlt hast?«

Wir können Vergeben und Verzeihen nicht zu einem Ideal erheben, dem wir so schnell wie möglich folgen müssten. Vergeben und Verzeihen sind ein Prozess, der Zeit braucht. Lange war es mir ein Rätsel, wie ich je in der Lage sein würde, einigen Menschen zu vergeben, die mich tief verletzt haben. Ich brauchte in der Meditation nur an bestimmte Personen zu denken, schon wallten Zorn und Bitterkeit in mir auf. »Ich kann und will nicht vergeben, was mir angetan wurde!«, sagte ich zu meinem Lehrer, und er besänftigte mich: »Zu vergeben heißt keineswegs zu erlauben, dass so etwas noch einmal geschieht. Lass dir Zeit, dräng dich nicht, Vergebung kommt ganz von selbst, wenn wir reif dafür sind. Vergebung kann man nicht kontrollieren, sie wird uns geschenkt, wir können nur aufrichtig darum bitten.«

Um die Schatten der Vergangenheit aufzulösen, müssen wir im Prozess des Vergebens eine Reihe von Stadien durchlaufen, die nicht nur von Liebe und Güte erfüllt sind, sondern auch von dem Verlangen nach Gerechtigkeit und Strafe.

Am Anfang des Prozesses steht die Anerkennung der eigenen inneren Wahrheit im Ablauf der Ereignisse, vor allem die Anerkennung der Verletzung und der Gefühle von Ungerechtigkeit, Schmerz, Enttäuschung, Wut und Verzweiflung. Alle Dimensionen unserer Erfahrung müssen erst einmal empfunden, gesehen, benannt und akzeptiert werden. Wir müssen lernen zwischen Vergeben und Entschuldigen und stillschweigendem Kleinbeigeben zu unterscheiden. Wenn wir unachtsam für unsere inneren Empfindungen zu schnell verzeihen, wirken die erfahrenen Verletzungen weiter im Unbewussten, und wir erleben nicht die tiefe Befreiung, die wirkliche Vergebung mit sich bringt. Ehepartner erleben es oft, dass sie bei unbedeutenden Anlässen heftig aufbrausen, ohne zu wissen, was ihre Wut so sehr entfacht. Wenn zuvor erfahrene Verletzung nicht ganz verziehen wurde, wirkt sie im Unbewussten weiter und entzündet sich erneut am kleinsten Anlass. Wenn ein Partner sich verletzt fühlt, müssen sich beide Partner zusammen Zeit nehmen und miteinander erforschen, worin die Ursachen für das Unglück bestehen. Je tiefer sie einander verstehen, desto leichter und umfassender können sie auch verzeihen.

In der ersten Phase des Vergebens heißt es, sich selbst, dem Gegenüber und der gesamten Konfliktsituation erst einmal viel Raum zu geben, ohne die Situation gleich verändern zu wollen. Nachdem wir die eigenen Gefühle benannt haben, liegt es nahe, sich zu fragen, von welchen Gefühlen unser Gegenüber geleitet wird, welche Emotionen deutlich erkennbar sind und welche wir nur vermuten können. »Das sind meine Gefühle und Erfahrungen – das sind deine Gefühle und Erfahrungen. So ist es.« Nicht Aufbrausen, nicht ändern wollen, tief atmen und anerkennen. Pause. Die Bereitschaft, sich einzuspüren und darüber nachzudenken, wird bereits die eigene Erfahrung beeinflussen, muss aber noch kein Anlass zum Handeln sein. Reaktionen werden so weit wie möglich zurückgestellt, um keinen weiteren Schaden zu verursachen.

Jetzt kommt die zweite Phase. Zu vergeben heißt nicht, die eigenen Schutzsysteme abzubauen. Wer sich verletzt fühlt, wird spontan Grenzen errichten. Diese Grenzen brauchen unseren Respekt. Wer zu schnell und zu oberflächlich verzeiht, wer eigene Bedürfnisse zu bereitwillig aufgibt, schwächt sich dadurch innerlich und verliert in einer Beziehung immer mehr an Boden. Vergeben heißt nicht, bedingungslos die Grenzen zu öffnen und das eigene Schutzbedürfnis fahren zu lassen. Wir wollen im Prozess des Vergebens zwar die alten Gefühle hinter uns lassen, um uns wieder der Liebe zu öffnen, aber wir müssen nicht gleichzeitig die Erinnerung auslöschen, weshalb wir bestimmte Grenzen aufgebaut haben. Man kann alte Gefühle loslassen und sich dennoch entscheiden, die Grenzen zu schützen. Je bewusster man darin ist, seine Grenzen zu wahren, desto besser kann man auch entscheiden, wie man sich in der jeweiligen Situation abgrenzen muss. Man läuft nicht Gefahr, stets auf ähnliche Weise verletzt zu werden, und man erlaubt den Emotionen der Vergangenheit nicht mehr, die Zukunft zu verdunkeln.

Besonders Frauen haben gelernt, nachzugeben, Verständnis zu haben und zu verzeihen, oft auch in Situationen, in denen es eher nötig wäre, Widerstand zu leisten und »Nein« oder »Auf keinen Fall« zu sagen. Wir vergessen allzu leicht, dass Vergebung auch von einem Zustand innerer Sicherheit und Gleichberechtigung getragen sein muss. Ob man Grenzen öffnet, muss aus dem persönlichen Zusammenhang entschieden werden. Wenn Misshandlung zu schnell verziehen und verdrängt wird, führt sie nur zu leicht zur Wiederholung der Erfahrung. Gewohnheitsmäßige Gewalt und gewohnheitsmäßiges, oberflächliches Vergeben bedingen sich gegenseitig. Das endlose Leiden geschlagener Frauen und Kinder, die ins Frauenhaus fliehen, heimkehren, wieder ins Frauenhaus fliehen, ist ein Beispiel dafür. Vergeben, ohne verändertes Verhalten zu erwarten und einzufordern, ist in diesem Kreislauf selbst-destruktiv.

Wir denken vielleicht, es sei nicht »buddhistisch«, innere Grenzen zu setzen, weil wir damit unser Selbst verfestigen, doch es hat nur Sinn, keinen Schutz mehr einzufordern, wenn wir ihn wirklich nicht mehr brauchen. Durch das Verfolgen eines Ideals (»selbstlos sein«) üben wir Druck auf uns aus, der an anderer Stelle Schmerzen bringt. Mit Zwang erreichen wir keine innere Freiheit. Jemand, der seinen Zorn deutlich spürt, kann dem Vergeben näher sein, als jemand, der ihn schnell wegdrängt und sich stillschweigend abwendet.

Feste Grenzen, gesicherte Entfernungen und zeitlicher Abstand helfen der Vergebung. Feste Grenzen brauchen auch weniger Aufmerksamkeit als verschwommene, ständig wechselnde Grenzen. Manchmal schaffen wir erst durch zeitlichen und räumlichen Abstand genügend Sicherheit für uns zum Vergeben und Loslassen. Wenn unsere Grenzen so stark und klar sind, dass der andere uns nicht mehr erreichen kann, dann ist es leichter zu vergeben. Wir akzeptieren, dass wir einfach nicht miteinander auskommen und lassen einander in Frieden.

Einige Menschen sind entweder ganz offen oder ganz verschlossen. Wenn sie verletzt werden, was leicht geschieht, weil sie so grenzenlos sind, verschließen sie sich danach für lange Zeit. Sie leiden unter ihrem Alleinsein und ihrer Verbitterung, geben sich Jahre später einen Ruck und öffnen sich noch einmal bedingungslos für einen Partner – um die gleiche Erfahrung wieder zu machen und nun die Grenzen doppelt so hoch zu stecken. Gefangen im Entweder-Oder existieren besonders im Alter viele Menschen zwischen so starren Grenzen, dass sie nur noch allein leben können. Wenn wir daran interessiert sind, auch in späteren Jahren noch lebendige, flexible Beziehungen zu haben, brauchen wir die Fähigkeit, Grenzen entsprechend der jeweiligen Situation öffnen und schließen zu können. Wir müssen lernen, unser Verletztsein zum Ausdruck zu bringen und Entschuldigung zu fordern. Verständnisvolle Anerkennung unserer eigenen Begrenztheit und Unvollkommenheit sowie Mitgefühl für alle am Konflikt beteiligten Personen sind wichtiger als das Erreichen von Idealen.

Im Prozess des Vergebens kommt nach der ersten Phase des Anerkennens aller Gefühle und der zweiten Phase des Respekts für das Schutzbedürfnis, die dritte Phase der Reue und des Bedauerns. Vergeben können ist keine moralische Pflicht. Wenn man aus freiem Willen vergibt, erlebt man das Vergeben nicht als Opfer. Vergebung entwickelt sich, wenn das Vertrauen eine Chance zur Heilung bekommt. Der verletzte Partner muss sich fragen: Was brauche ich, um wieder vertrauen zu können. Vertrauen wird nicht dadurch gestärkt, dass man vergibt, sich öffnet und dann wieder verletzt wird. Wichtig ist die Erfahrung, dass erneutes Öffnen nicht missbraucht wird. Der ungerecht Behandelte möchte hören: »Ja, ich habe mich dumm verhalten, ich habe mich geirrt – es tut mir Leid, dass ich dich verletzt habe, ich versuche, dass nicht zu wiederholen.«

Es kommt auch vor, dass andere sich verletzt fühlen, obwohl man gar nicht die Absicht hatte zu verletzen. Plötzlich muss man sich rechtfertigen und erklären, weshalb man die Verletzbarkeit nicht vorausahnen konnte. In solchen Fällen braucht man besonders viel Verständnis und Mitgefühl für das Gegenüber, sowie die Bereitschaft zu sagen: »Es tut mir Leid, ich hatte keine Absicht, dich zu treffen, möchte aber gerne die Hintergründe verstehen. Erzähl mir doch, wodurch dein Verletztsein ausgelöst wurde.«

Eine junge 18-jährige Frau setzte sich ans Steuer, obwohl sie Alkohol getrunken hatte, und verursachte einen schweren Unfall. Ihre beste Freundin, die auf dem Beifahrersitz saß, wurde tödlich verletzt. Als vor Gericht Schuld und Strafe verhandelt werden, sagt sie den verzweifelten Eltern ihrer Freundin: »Es tut mir ganz doll Leid, dass das passiert ist.« Bei dieser Wortwahl waren die Eltern nicht bereit, ihre Entschuldigung anzunehmen.

Zeitpunkt und Worte des Verzeihens wollen sehr sorgsam gewählt werden. Mancher muss auch mehrfach um Vergebung bitten, bevor er gehört werden kann.

Anstatt seine Unschuld zu verkünden, Ausreden zu erfinden und anderen Schuld zu geben, übernimmt ein Mensch, der wahre Reue empfindet, die Verantwortung für sein Handeln und für das Leid, das daraus folgt. Reue bedeutet eine Wendung um 180 Grad im Denken und Fühlen. Wenn Schuld und Scham eingestanden werden können, lösen sich meistens auch die Schuldvorwürfe und die Rachebedürfnisse der Opfer auf.

Eine Frau besuchte in Begleitung einer Mediatorin die Autofahrerin, die den Tod ihrer Schwester verursacht hatte, weil sie betrunken am Steuer saß. Der erste Besuch im Gefängnis dauerte mehrere Stunden, danach folgten Briefe und weitere Treffen. »Es war so wichtig für mich, der Täterin in die Augen zu schauen, zu sehen, wie ihre Hand zitterte, wie sie weinte. Ich fühlte nicht mehr den Drang, sie aus Rache zu töten, ich konnte endlich die Ereignisse so stehen lassen und meinen Frieden damit finden.«

Dem jungen Gandhi ist eine eindrucksvolle Form der Reue gegenüber seinem Vater geglückt. In seiner Autobiographie erzählt er, dass er als Fünfzehnjähriger ein Stück Gold aus dem Armband seines Bruders stahl und diesen Diebstahl innerlich nicht aushalten konnte. Gandhi beschloss, nie wieder zu stehlen und seinem Vater von dem Vergehen zu berichten. Er spürte, dass er nur durch ein offenes Geständnis und das Verzeihen seines Vaters Seelenruhe finden könnte. Deshalb schrieb er sein Geständnis nieder. Bemerkenswert ist, dass er seinen Vater auch um angemessene Bestrafung bat und gleichzeitig gelobte, nie wieder zu stehlen. Zitternd überreichte er diese Selbstanklage seinem Vater, der zu jener Zeit krank im Bett lag. Weinend las es der Vater, weinend saß ihm der Sohn gegenüber. Dann zerriss der Vater die Anklageschrift und schwieg. Gandhi hatte mit einem Wutausbruch gerechnet, doch der Vater blieb ruhig und sagte kein Wort, und Gandhi spürte, dass sein offenes Geständnis und die Tränen der Liebe, die beide weinten, die Situation in aller Stille zutiefst bereinigte. Auf diese Weise wurde die liebevolle Beziehung zwischen Vater und Sohn trotz des Vergehens gestärkt, schreibt Gandhi mit großer Dankbarkeit.

Anderen Menschen verzeihen wir oft leichter als uns selbst, doch wahrhaftig vergeben können wir nur, wenn wir uns selbst vollständig einbeziehen. Eine erfahrene Vipassana-Meditierende hatte sich zum Metta-Meditationskurs angemeldet und litt darunter, dass sie keinen Zugang zu den Metta-Sätzen finden konnte. »Ich bin so unglücklich, so unzufrieden mit meinem Leben, ich kann und will mir keine frommen Wünsche vorbeten«, sagte sie und erklärte mir, wie böse sie mit sich selbst sei, weil sie es nicht geschafft habe, ihr Leben ihren Träumen entsprechend einzurichten. »Ich wollte immer eine gute Beziehung haben, Mutter von mehreren Kindern sein, auf dem Land leben. Doch jetzt bin ich bald sechzig Jahre alt, es lässt mir keine Ruhe, dass ich es nicht schaffe, einen Partner zu finden, und dass ich wahrscheinlich in diesem Leben allein bleiben werde.« Um inneren Frieden zu finden, brauchte diese Frau die Kraft, sich selbst zu vergeben. Ich schlug ihr deshalb vor, zu sich selbst immer wieder zu sagen: »Ich möchte lernen, mir selbst zu vergeben.« Oder: »Ich bin bereit, mir mein Alleinsein, meine Kinderlosigkeit zu vergeben.«

Was dadurch in Bewegung kam, schmeckte bitter. Je länger sie sich um Vergebung für sich selbst bemühte, desto mehr kam ihr Schmerz über versäumtes Glück und nicht gelebte Liebe zum Vorschein. Längst vergessene Verletzungen tauchten auf, sie erkannte, wie streng sie sich selbst beschimpfte, sich verurteilte und schlecht behandelte. »Die harten inneren Stimmen sind mir so vertraut, dass ich sie oft nicht einmal mehr wahrnehme, geschweige denn, mich gegen sie wehre.« Sie brauchte viel Kraft, die Enttäuschung zu spüren und die Verachtung zu erkennen, die sie gegen sich selbst richtete. Doch mit der Bereitschaft, dem Tiger in den Rachen zu schauen, wuchsen auch ihre Kraft und das Gefühl der Befreiung von Lasten, die sie bisher wortlos getragen hatte. In der Konfrontation mit den dunklen Seiten ihres Wesens konnte schrittweise das Licht wieder durchbrechen. Die realistische Einschätzung ihrer Lebenssituation gab ihr den Raum, im Alltag wieder das Staunen zu lernen. Sie erkannte, dass auch in der zweiten Lebenshälfte noch ein weites, unbestelltes Feld vor ihr lag, dass sie Lust bekommen hatte, es weiter zu beackern.

Die Seite in uns, die sich als Opfer empfindet und Rache üben möchte, die braucht im Prozess des Vergebens Anerkennung und Gehörtwerden. Der Schmerz des Opfers wird durch Mitgefühl besänftigt und allmählich geheilt, vorausgesetzt, dass die Bereitschaft zu vergeben und zu verzeihen lebendig zum Ausdruck kommen kann.

Im Flugzeug traf ich einmal einen Psychoanalytiker, dessen Name mir aus der Fachliteratur bekannt war. Er berichtete mir von seinen frühen Jahren, von zehn Patienten pro Tag an sechs Tagen in der Woche, von drei Ehen und zwei erwachsenen Söhnen. Er sagte: »Ich war so sehr damit beschäftigt, die Kindheit meiner Patienten zu entschlüsseln, dass ich für meine eigenen Kinder überhaupt keine Augen und Ohren hatte. Meine Söhne sind unreife Männer, die keinen Beruf gelernt haben, die auf meine Hilfe zum Lebensunterhalt angewiesen sind. Es macht mich wahnsinnig, dass sie wegen jeder Reise, wegen jeder Sonderausgabe bei mir anrufen und mich um Geld bitten. Ich schlafe keine Nacht in Ruhe, weil ich mir meine Versäumnisse vorrechne und mich frage, was aus ihnen wird, wenn ich kein Geld mehr verdienen kann, denn ich bin schon achtzig Jahre alt.«

Eltern haben keine Chance alles richtig zu machen. Eltern brauchen besonders viel Mitgefühl und Vergebung für sich selbst. Obwohl die meisten Eltern versuchen, ihr bestes zu geben, sehen sie, wie Ansichten und Urteile, die inzwischen in ihre Vergangenheit gehören, im Handeln und Erleben der Kinder zum Vorschein kommen. Wenn es kein Entrinnen vor den eigenen Fehlern gibt, kann man nur noch die Vorstellung von richtig und falsch loslassen, um Frieden zu finden.

Im Prozess des Vergebens stellen wir nicht die schwierigsten Aufgaben an den Anfang. Wir beginnen mit den kleinen Situationen im Alltag und lassen den Schwierigkeitsgrad langsam ansteigen. Wer auf dem inneren Weg reift, nutzt die Kraft der Vergebung für einen Wandlungsprozess im Herzen, der zutiefst beglückend wirkt. Das Beginnen liegt in den kleinen Momenten des Alltags – bei der unfreundlichen Kellnerin, der Kassiererin, die uns falsch herausgibt, dem Chef, der seine schlechte Laune an uns auslässt – da können wir üben, wie Vergebung sich anfühlt, gleich nachdem wir mit abweisenden Gefühlen reagiert haben. Da spüren wir, wie viel angenehmer Vergebung in uns selbst wirkt, was wir uns antun, wenn wir nicht loslassen und nicht vergeben können. Auch beim Autofahren lässt sich das wunderbar beobachten. Wenn wir in diesen belanglosen Situationen eine gewisse Kunstfertigkeit im Vergeben entwickelt haben, gelingt es uns eher, die tieferen Schichten unserer Verwundungen zu erreichen. Vergebung können wir nicht erzwingen. Wir schaffen mit diesem Zwang nur neuen Schmerz.

Eines müssen wir uns immer klar machen: wir verzeihen nicht die Handlung, sondern wir verzeihen dem Handelnden. Wir vergeben nicht die Tat, sondern dem Täter, der Täterin. Vergebung entschuldigt keine Gefühllosigkeit, Grausamkeit oder Unfreundlichkeit. Uns ist nur klar, dass wir all die unangenehmen Geisteszustände und Verhaltensweisen auch in uns selbst kennen. Wir verirren uns ebenso darin und wollen Nachsicht mit uns selbst und mit den anderen üben, um niemanden aus unserem Herzen zu stoßen.

Vergebung ist der Weg zum Ende unnötiger Abgrenzung. Auch für Paare, die keine aktuellen Probleme haben, ist es ein interessantes Experiment, sich ganz bewusst über einen längeren Zeitraum Gefühle der Vergebung zu senden. Es ist ein faszinierendes Experiment, jemandem Vergebung zu senden, von dem uns nichts zu trennen scheint. Oft treten dabei unerforschte seelische Regionen zutage, die sich öffnen können und Vertiefung in die Beziehung bringen.

ÜBUNG

Vergebungs-Meditation

Die Vergebungs-Meditation ist eine Vorbereitung für die Metta-Meditation. Bevor man mit der Metta-Praxis beginnt, übt man ca. 20 Minuten täglich die Vergebungsmeditation und kommt bei Bedarf immer wieder darauf zurück.

Konzentrieren Sie sich auf den Herzraum. Stellen Sie sich vor, Ihr Herz könnte sich öffnen, wie eine Blüte. Dabei wird es immer weicher und wärmer, so dass sich im ganzen Körper ein Wohlgefühl ausbreitet.

Rufen Sie vor Ihr inneres Auge eine Person aus ihrem Freundeskreis, die Sie gerne haben, die spontan auftaucht. Wir wollen erforschen, was es für unsere Beziehung zu dieser Person bedeuten würde, wenn wir ihr mehr vergeben könnten, auch wenn bewusst kein Anlass für Groll vorliegt.

Sprechen Sie innerlich mit leiser Stimme vom Herzen her zu dieser Person, die Sie vor sich sitzen sehen. Sagen Sie: »Ich vergebe dir. Ich vergebe dir. In der Vergangenheit hast du mich manchmal bewusst oder unbewusst gekränkt, du hast mich beleidigt oder verletzt, doch jetzt möchte ich dir allen Schmerz verzeihen.«

Spüren Sie dabei Ihre Gefühle und versuchen Sie nichts festzuhalten, alles, was Sie beobachten, lassen Sie entspannt fließen; dabei wird Ihr Herz noch größer. Fügen Sie weitere Sätze hinzu, die Ihnen in den Sinn kommen. »Ich verzeihe dir, weil es mir weh tut, wenn mein Herz dich ausschließt.« Oder: »Ich merke, dass es mir schwer fällt zu vergeben. Ich möchte mich aber darin üben.«

Im nächsten Schritt bitten Sie um Vergebung für alles, was Sie Ihrem Gegenüber an Schmerzen zugefügt haben, wissentlich oder unwissentlich:

»Bitte verzeih mir meine Wut, meine Ungeduld, vergib mir, was ich dir durch meine Achtlosigkeit an Kummer bereitet habe. Was ich dir auch angetan habe – ich bitte dich um Vergebung, auch für die kleinen Dinge im Alltag, die wir nicht einmal erwähnen.«

Achten Sie auf alles, was Ihre Fähigkeit einschränkt, Vergebung anzunehmen. Können Sie sich selbst Vergebung ganz und gar zugestehen? Sagen Sie zu Ihrem Gegenüber: »Wir beide möchten glücklich sein miteinander. Vergebung tut uns gut. Ich empfange gerne dein Vergeben, ich verzeihe dir ebenso.«

Im dritten und letzten Schritt dieser Meditation wenden Sie sich der eigenen Person zu. Sprechen Sie sich mit eigenem Namen an und sagen Sie innerlich:

»Ich vergebe dir, ich vergebe dir. Ich verzeihe dir deine Unachtsamkeit und Ungeduld und die unnötigen Schmerzen, die du dir selber zufügst, wissentlich oder unwissentlich.« Sie können auch diese Form wählen:

»Ich vergebe mir. Ich verzeihe mir meine Unachtsamkeit und Ungeduld und die unnötigen Schmerzen, die ich mir selber zufüge, wissentlich oder unwissentlich.«

Dabei öffnen Sie bewusst Ihr Herz für sich selbst und nehmen all Ihre schwierigen Seiten, die ängstlichen und verwirrten Aspekte Ihres Selbst darin auf. Sagen Sie zu sich selbst: »Ich möchte lernen, dich zu akzeptieren, so wie du bist, ich wünsche dir nur Gutes. Ich verzeihe dir.« Auch wenn Sie im Herzen keine deutliche Regung spüren – sprechen Sie wiederholt diese Sätze.

Wenn Sie jeden Abschnitt der Vergebungsmeditation einmal erspürt haben, können Sie mit dem Satz: »Ich möchte mich im Vergeben üben« enden und ihn so oft sagen, wie Sie möchten.

Metta

Die Metta-Praxis will einen Raum für ein erfülltes Leben definieren, sie will Ausrichtung geben, uns helfen, eine Wahl zu treffen im Alltag, im gewohnheitsmäßigen Handeln.

Die südöstliche Spitze Australiens ist eine Landzunge, die schon seit mehr als hundert Jahren unter Naturschutz steht. Von Freunden wurde ich eingeladen, dort in einer Hütte ein Wanderwochenende zu verbringen. Nachdem wir das Eingangstor zum Reservat passiert hatten, mussten wir noch einige Meilen fahren, um uns bei der Parkranger-Station anzumelden. Zu beiden Seiten der Landstraße hüpften Känguru-Familien. Straußenpaare blickten uns unbeweglich an. Ich sah zum ersten Mal pummelige Wombats, die mir wie riesige Igel auf Dackelbeinen erschienen. Keines der Tiere flüchtete vor uns Menschen. Als wir aus dem Auto stiegen, kamen Crimson Rosellas angeflogen, Papageien, die doppelt so groß wie unsere Wellensittiche sind. In Scharen stürzten sie sich frech auf Kopf und Schultern, um etwas zum Picken zu finden. Das Leben dort im Park hat mich tief beeindruckt. Wir saßen am Strand und futterten zusammen mit den Kängurus unsere Karotten. Hoch über uns in den Eukalyptusbäumen turnten Koalabären, an denen ich mich nicht sattsehen konnte. Hin und wieder ließen sie eine Portion grüne Kacke auf uns herunterfallen. Um uns herum schwirrten farbenprächtige Tropenvögel. Das exotisches Getriller von Vögeln mit fremden Namen wie Honeyeater, Jacky Winter und Willie Wagtail, das wild krächzende Gelächter der Laughing Kookaburras – mir erschien es wie das Paradies auf Erden. So kann es also in der

Natur aussehen, wenn Tiere nicht von Menschen gejagt und erlegt werden. All die wohlwollenden Absichten, die die Menschen hier den Tieren entgegenbringen, erschaffen ein tierisches Metta-Land, dachte ich mir, und ich versuchte mir vorzustellen, wie ähnliche Räume für Menschen aussehen könnten.

Ich habe im zweiten Kapitel bereits erwähnt, dass die Metta-Übung darin besteht, wohlwollende Wünsche und Absichten in ritualisierter Form leise im eigenen Geist vor sich hin zu sprechen und ständig zu wiederholen. Für mich war es anfangs ein verwunderliches Ansinnen, ein so großartiges und wichtiges Gefühl wie die Liebe durch meditatives Üben erwecken zu wollen. Vipassana-Meditation hat mich vom ersten Moment an fasziniert, aber die Metta-Meditation musste ich mir regelrecht erobern. Als es Mitte der achtziger Jahre üblich wurde, Vipassana-Meditationskurse mit Metta-Meditation anzureichern, habe ich zunächst verständnislos mit dem Kopf geschüttelt und nicht hinhören wollen, wenn die Lehrer zur Metta-Meditation aufriefen. Die deutsche Übersetzung – »Liebende-Güte-Meditation« – schien mir antiquiert und unlebendig. Wer benutzt heutzutage noch das Wort Güte? Auch die Art, wie Metta unterrichtet wurde, machte mir die Methode ungenießbar. Die Wortwahl, die bemüht salbungsvolle Stimmlage der Lehrer erweckten in mir nur Widerstand und Protest. Und die Satzkonstruktion: »Mögest du glücklich sein …«, mit der die Metta-Meditation eingeleitet wird, hatte auch keine Verwandtschaft mit meinem alltäglichen Sprachgebrauch. Warum sollte ich etwas üben, das meinem Alltag so fern war? Viele Jahre lang war für mich die Metta-Meditation höchst langweilig und bedeutungslos.

Zum Glück fürchtete ich mich nicht, mein Unbehagen an diesem Meditations-Stil zu äußern. Von Freundinnen, die wochenlange Metta-Kurse absolvierten, wollte ich genau wissen, zu welchen Ergebnissen sie kamen. In einem dieser Gespräche warf die Vipassana-Lehrerin Carol Wilson den Haken aus, an dem ich hängen blieb: Sie erklärte, dass sie erst durch die Metta-Meditation wirklich verstehen gelernt habe, wie unser Geist funktioniert. Das saß. Schließlich interessierte mich nichts brennender als Geistes- und Bewusstseinsforschung. »Wie kann ich einen Zugang zu dieser Praxis finden?«, wollte ich von ihr als erfahrener Meditationslehrerin wissen. »Einfach eine Woche üben, ohne Erwartungen und Vorstellungen, ganz auf die Lehre vertrauen«, antwortete Carol.

Ich übe mich gerne darin, Gegensätze auszuloten, um die Mitte zu finden. Deshalb meldete ich mich trotz meiner Abneigung zu meinem ersten Metta-Retreat an und übte stoisch acht Tage lang die reine Technik. In gutem Rhythmus deklinierte ich die vorgegebenen Satzfolgen durch, ganz gleich, ob sich ein liebevolles Gefühl dazu einstellte oder nicht. Am Ende erkannte ich, dass die Entschiedenheit, liebevoll handeln zu wollen, viel wichtiger ist als das Liebesgefühl, das wechselhaft ist wie unser Wetter. Meine Defizite an Selbstachtung und Selbstdisziplin, meine innere Überzeugung von der Wertlosigkeit meiner Person waren offenbar geworden, und ich sah, wie lange ich mich schon weigerte, diesem Gefühl der Wertlosigkeit zu begegnen. Und – so paradox es klingt – ich fühlte mich gleichzeitig so sicher und geschützt in meiner eigenen Haut wie nie zuvor in meinem Leben, aufgenommen in den warmen Schoß der Geborgenheit, den intensive Metta-Praxis uns schenkt. Als ich von diesem Retreat heimkehrte, saß mir in der S-Bahn ein Bauarbeiter gegenüber. Müde und verstaubt nach einem offensichtlich schweren Tag starrte er aus dem Fenster. Er trug ein weißes T-Shirt, das auf der Brust in dicken schwarzen Buchstaben nur zwei Worte verkündete: Ich hasse. Da konnte ich gleich mit dem Üben im Alltag beginnen!

In den vergangenen Kapiteln habe ich Fähigkeiten vorgestellt, die unsere Herzenswärme anfachen können. Werden unsere Beziehungen von Aufmerksamkeit, Verstehen und Verzeihen durchdrungen, blüht Metta ganz von selbst auf. In diesem Kapitel wollen wir nun konkret erfahren, wie die Metta-Meditation als Methode den Raum der Liebe für uns erschließt.

Im zweiten Kapitel wurde bereits erwähnt, dass Metta mit festen Satzfolgen arbeitet, die man stimmlos im Geist vor sich hinmurmelt, ähnlich wie ein Mantra. Noch wichtiger als die Worte ist die erlebte Verbindung, die die Worte herbeirufen sollen. Die Aufmerksamkeit richtet sich auf den Raum, der zwischen Ich und Du entsteht, und füllt ihn mit wohlwollenden Absichten, während wir sagen:

Mögest du glücklich sein.
Mögest du frei von inneren und äußeren Gefahren leben.
Mögest du gesund sein.
Mögest du unbeschwert durch deinen Alltag gehen.

Die englische Formulierung »May you be happy« geht uns viel leichter über die Lippen, als diese umständliche deutsche Form »Mögest du glücklich sein« oder »Möge ich glücklich sein«. In vielen Meditationskursen habe ich zusammen mit den Teilnehmerinnen darüber nachgedacht, welche Satzkonstruktion den Wunsch angemessen fassen könnte. Es kamen Vorschläge wie: »Ich wünsche mir, glücklich zu sein«, »Ich möchte glücklich sein« oder »Lass mich glücklich sein.« Doch wenn man das hundertmal wiederholt, spürt man den Unterschied zu der »Mögest du«-Version sehr deutlich, diese klingt offener und freier, deshalb kommen wir immer wieder darauf zurück, obwohl dieser Sprachgebrauch uns anfangs vielleicht fremd ist. Probieren Sie am besten selbst aus, was in Ihren Ohren annehmbar klingt. Erwarten Sie auch keine bestimmten Gefühle beim Üben. Es ist völlig hinreichend, sich auf die reine Satzfolge, angereichert mit der guten Absicht, zu konzentrieren. Alles Weitere entwickelt sich ganz von selbst.

Die Metta-Übung kultiviert Beziehung, weil unablässig Kontakt aufgenommen und Kommunikation geübt wird. Dabei erfahren wir, dass Situationen, in die wir mit gutem Willen und mit liebevollen Wünschen hineingehen, sich anders entwickeln, als Situationen, die wir voller Verachtung, Wut und Rachebedürfnis anpacken. Wünsche sind offen formulierte Absichten, die ein energetisches Feld erschaffen. Wenn wir uns und anderen mit den Metta-Sätzen Gutes wünschen, stecken wir einen deutlich anderen Ereignisrahmen ab, als wenn wir denken: »Ich muss aufpassen, dass ich nicht betrogen werde. Die Menschen haben nur ihren eigenen Gewinn im Sinn.«

All die vielen ungeordneten Gedankenimpulse, die wir innerlich pausenlos vor uns hinmurmeln, beeinflussen unser Leben viel mehr, als wir ahnen. Metta-Sätze sind bewusst gefasste Gedanken, definiert durch positive Absichten. Unser ungeordnetes Gedankengewusel wird durch diese Absichten sanft geformt und geleitet.

In der buddhistischen Psychologie wird die Absicht als die zugrunde liegende Willenstendenz bezeichnet, die entscheidend für die Folgen unseres Handelns ist. Es heißt, dass die in Handlung umgesetzte Absicht unser Leben jetzt und in Zukunft prägt. Ähnlich hat auch die moderne Psychologie die Wirksamkeit und Bedeutung von Absichten erkannt. Absichten wirken in unserem Bewusstsein wie ein Raubtierdompteur. Sie ordnen die Fülle der wilden Impulse, sie halten und lenken die Aufmerksamkeit. Absichten verfügen über eine Kraft, die die Energie der folgenden Gedanken und Taten bestimmt. Ein Beispiel aus der buddhistischen Lehre: Ein Arzt setzt ein Messer an, um einen Luftröhrenschnitt zu machen, ein Mörder führt das Messer an die Kehle, um jemanden umzubringen – die Handlung sieht gleich aus, aber die Absicht unterscheidet das Handeln (und die Folgen) unverwechselbar. Wir müssen uns immer wieder klar machen, wie tief unsere Absichten unseren Lebensverlauf bestimmen. Je genauer wir unsere Absichten kennen, desto besser können wir die eigenen Energien ausrichten.

Erfassen wir die Bedeutung von Absichten und die Kraft wohlwollender Worte im Geist, haben wir schon einen wesentlichen Teil der Wirkungsweise von Metta-Meditation verstanden. Stille und Geduld sind weitere unterstützende Kräfte, die Metta-Keime gedeihen lassen. Wir sammeln Konzentration, wenn wir uns jeden Tag eine Phase des bewussten Schweigens gönnen. Durch die Meditationsübung stellt sich Ruhe und Kontemplation ein. Aus der Oberflächlichkeit, die den Alltag viel zu oft beherrscht, kann die Meditierende in tiefere Schichten ihres Daseins vordringen und damit deutlicher zu ihrer eigenen Wahrheit und Realität finden.

Indem wir innerlich ständig die Metta-Sätze wiederholen, werden Schritt für Schritt aber auch Hemmungen und Hindernisse ans Tageslicht gebracht, die uns am Ausdruck von Sympathie und Wohlwollen hindern. Metta wirkt zuweilen erschreckend schnell, ruft Reaktionen hervor, konfrontiert uns stark mit unserer Unfähigkeit zu lieben. Durch die Metta-Übung wird unser Geist mit liebevollen Absichten erfüllt, die gleichzeitig inneren Morast aufrühren. Wir bemerken, dass wir längst nicht jedem unsere Metta-Wünsche zukommen lassen wollen. Wir sind wählerisch, voller Vorbehalte. Welchen Zweck verfolgen wir damit, bestimmten Menschen nichts Gutes zu wünschen? Schon sehen wir unser ständiges Bewerten, Vergleichen, Aussortieren. Wir begegnen unserer Trägheit und unserer Kontrolllust. Wir sehen, dass wir einer notwendigen Auseinandersetzung mit Menschen in unserem Umfeld aus dem Weg gehen. Unsere düsteren Impulse, Hass und Gewalttätigkeit kommen ans Tageslicht und brauchen kluge Zuwendung, damit der Geist durch achtsames, wiederholtes Nacherleben von schwierigen Erfahrungen gereinigt werden kann. Meistens haben wir nämlich ungelöste Konflikte mit Menschen, die wir aus unserem Gedächtnis vertreiben möchten. Durch die Metta-Meditation tauchen diese Konflikte so lange in unserem Bewusstsein auf, bis sie gelöst werden. Man kann sich vorstellen, dass solch ein Reinigungsprozess viele Jahre und damit auch viel Geduld braucht.

Die Metta-Sätze sind wie winzige Tropfen, die in einen riesigen Behälter fallen. Nach einem Jahr sieht der Boden aus, als sei er taufeucht, nach zwei Jahren sieht man vielleicht eine kleine Pfütze, nach fünf Jahren ist schon der ganze Boden nass, nach zehn Jahren steht man bis zum Knöchel im Wasser und fühlt sich genährt und erfrischt durch die Übung.

Metta-Meditation ist eine einfache Methode, für jeden anwendbar, unabhängig von Alter oder Vorbildung. Metta übt uns im Wohlgesinntsein und aktiviert die transformierende Kraft der Liebe. Jeder Moment, in dem Metta den Geist erfüllt, ist frei von Gier und Aversion, dadurch sammelt man mit jedem Metta-Satz heilsame Energie.

ÜBUNG

Die Metta-Meditation

Schrittweise führe ich Sie nun durch die Grundstruktur der Metta-Meditation. Diese Struktur wird in der Übung von Mitgefühl, Mitfreude und Gleichmut übernommen.

1. Aufgabe

Beginnen Sie mit einer formellen Sitzmeditation. Machen Sie zu Beginn jeder Meditationsphase ein paar Durchläufe der 7-Punkte-Meditation. Dann sprechen Sie den ersten Metta-Satz »Möge ich glücklich sein« zu sich selbst hin. Wiederholen Sie ihn mehrfach, achten Sie darauf, wie der Satz für Sie klingt. Um ein Gefühl für den rechten Klang der inneren Stimme zu bekommen, ist es angenehm, die Augen zu schließen und zu sich selbst ganz einfach und natürlich zu sagen: »Möge ich glücklich sein« bzw. »Mögest du glücklich sein« – je nachdem, welche Perspektive man spontan einnimmt, ob man zu sich lieber in der Ich- oder in der Du-Form spricht. Durch Ausprobieren findet man schnell heraus, auf welche Weise man sich unmittelbar angesprochen fühlt. Man sollte spüren, dass man wirklich gemeint ist. Vielleicht hilft es, das eigene Herz anzusprechen oder den eigenen Namen voranzustellen. Entscheiden Sie einmal grundsätzlich, ob Sie alle Sätze in der Du- oder Ichform sprechen wollen, und bleiben Sie dann dabei. Sprechen sie den Satz so, dass er wahrhaftig klingt. Vielleicht möchten Sie ihn etwas abändern. In meinen Kursen höre ich ständig neue Fassungen dieses ersten Satzes. (zum Beispiel »Möge ich aufrichtig sein.«) Der Satz sollte aber kurz und klar bleiben und so formuliert sein, dass Sie das, was Sie sich selbst wünschen, später ebenso auch anderen senden können.

Nehmen Sie sich ruhig ein paar Tage Zeit mit diesem ersten Satz, bis Sie eine Form gefunden haben, die Sie behalten möchten.

2. Aufgabe

Sobald Sie den ersten Satz klar haben, wenden Sie sich – immer in Ihrer täglichen Meditationsphase – dem zweiten Satz zu: »Möge ich in Sicherheit leben« oder »Möge ich frei von inneren und äußeren Gefahren leben« oder »Möge ich mich sicher und geborgen fühlen.« Wählen Sie Ihre passende Form und wiederholen Sie den Satz so oft, bis er annehmbar für Sie klingt. Wenn die Satzform klar ist, sprechen Sie immer nacheinander: »Möge ich glücklich sein, möge ich mich sicher und geborgen fühlen, möge ich glücklich sein, möge ich mich sicher und geborgen fühlen, usw.« Machen Sie das wieder ein paar Tage, bis es leicht fließt.

3. Aufgabe

Den Anfang kennen Sie jetzt schon. Stilles Sitzen, 7-Punkte, Sie spüren die Bereitschaft einen weiteren Satz hinzuzunehmen. Hier kommt der dritte Satz: »Möge ich gesund sein« oder »Möge ich mich kräftig fühlen« oder »Möge ich gesund und kräftig sein.«

Erst die Satzform herausfinden, die Ihnen für ein optimales Dasein in Ihrem Körper angemessen erscheint, dann den Satz an die beiden anderen dranhängen und alle drei Sätze fortlaufend nacheinander sprechen. Mehrere Tage abwarten und üben, bevor Sie den vierten Satz hinzufügen.

4. Aufgabe

Beispiele für den vierten Satz lauten: »Möge ich unbeschwert durch's Leben gehen«, »Möge ich sorglos den Alltag bewältigen«, »Möge ich sorgenfrei sein«, »Möge es mir gelingen, gut für mich zu sorgen«, »Möge ich vergnügt und vertrauensvoll leben.« Es geht darum, die alltäglichen Anforderungen mühelos und reibungslos bewältigen zu können. Auch hier sollten Sie eine kurze, klare Satzform finden, die für Sie zutrifft. Probieren Sie geduldig, bis Sie Ihren vierten Satz gefunden haben. Dann hängen Sie ihn an die anderen drei an und sprechen nunmehr alle vier Sätze im Wechsel.

5. Aufgabe

Die vier Sätze, die Sie jetzt sprechen, betreffen Ihr Glücklichsein, Ihre Sicherheit, Ihre Gesundheit, Ihren Alltag. Gibt es irgendeinen zentralen Punkt in Ihrem Leben, der für Sie in diese Satzfolge nicht enthalten ist? Dann können Sie noch einen eigenen fünften Satz in der bewährten Art und Weise hinzufügen. Es muss aber nicht sein! Die vier Sätze reichen völlig. Sobald Sie Ihr Set von Metta-Sätzen ausformuliert haben, schreiben Sie sich die Sätze auf und heften Sie zur Erinnerung Ihre Sätze an Stellen in Ihrer Wohnung, in Ihrem Auto oder an Ihren Arbeitsplatz, wo Sie im Laufe des Tages wiederholt hinschauen.

6. Aufgabe

Sprechen Sie Ihr Set von Metta-Sätzen nun mindestens ein bis zwei Wochen, gerne auch länger, in Ihren Meditationszeiten und in Ihrem Alltag, wann immer Sie daran denken, zu sich selbst hin gerichtet. Verstehen Sie die Sätze nur als Transporter für ein Gefühl des liebevollen Annehmens und der wahrhaftigen Fürsorge für sich selbst. Rattern Sie deshalb die Sätze nicht im Schnelldurchlauf. Nehmen Sie sich für jeden Satz Zeit zum Nachklang. Sie können auch die Reihenfolge der Sätze umstellen, wenn Sie andere Prioritäten setzen möchten. Bleiben Sie dann aber stets bei der von Ihnen bevorzugten Version. Wechseln Sie nicht ständig hin und her.

Die Übung der Metta-Meditation ist jederzeit durchführbar. Sie können sich auch vornehmen, jeden Tag auf dem Weg zur Arbeit zu üben oder tagsüber so oft wie möglich an die Metta-Sätze zu denken. Jeder Moment von Aufmerksamkeit für die Metta-Sätze trägt seine Früchte. Unsere erprobten Metta-Sätze können wir schon mit dem ersten Wachwerden am Morgen murmeln und auch mit dem letzten Gedanken vor dem Einschlafen. In jede Handlung, in jede Begegnung kann man die Sätze mit hineinnehmen, immer werden sie uns erinnern, freundlich zu sein. Die Metta-Haltung ist stets angemessen und für alle Beteiligten von Vorteil. Metta wirkt tröstend und lösend. Der Geist, der sich in der liebevollen Absicht, in den Worten und im Herzraum sammeln kann, lässt gleichzeitig auch los. Und es tut wohl, sich selbst und seine Mitmenschen auf diese Weise ernst zu nehmen, zu spüren, dass jeder Satz ein Echo im Herzen hat.

Freundschaft mit sich selbst schließen

Zu Beginn der systematischen Metta-Praxis richtet sich alle Aufmerksamkeit auf uns selbst, denn eine vertrauensvolle innere Haltung ist Voraussetzung für geistiges Wachstum und Selbstentfaltung. Wenn wir uns bemühen, die tägliche Meditationsübung in unser Leben hineinzunehmen, dann geht es zunächst einmal darum, mit sich selbst ins Reine zu kommen. Da es den meisten von uns an Selbstvertrauen mangelt, beginnt die Metta-Übung mit der Stärkung des Selbstwertgefühls. Sich selbst zu verstehen und zu akzeptieren ist die Grundlage der Metta-Praxis. Die Metta-Sätze werden deshalb zuerst in unsere eigene Richtung, zu uns selbst hin, gesprochen.

Manche kapitulieren gleich an dieser Stelle: »Das kann ich nicht. Ich kann anderen Gutes wünschen, aber nicht mir selbst!« Diejenigen, die nicht mit sich selbst beginnen mögen, können deshalb für den Anfang als Gegenüber einen guten Freund oder die beste Freundin wählen, um in den Fluss der Übung zu gelangen. Dennoch stellt sich die Frage: Was macht es so schwierig, uns selbst Metta zu geben? Häufig ist es so, dass wir beim Thema Liebe nur an den Ausdruck von Zuneigung in Beziehung zu anderen denken. Wenn wir Liebe zu uns selbst in den Mittelpunkt rücken, fürchten wir, dadurch andere auszuschließen. Wir bekommen sofort ein schlechtes Gewissen. Wir schämen uns, wir fürchten, kein Recht zu haben, auf der Welt zu sein und mit Liebe beschenkt zu werden. Doch »wer großzügig im Geben und engherzig im Nehmen ist, verliert bald sein seelisches Gleichgewicht«, schreibt John O'Donohue in *Anam Cara*[5]: »Solange wir uns selbst gegenüber nicht großzügig sind, können wir auch die Liebe nicht empfangen, die uns allezeit umgibt. Wir hungern verzweifelt nach ihr. Wir suchen jahrelang außerhalb unserer selbst, an den entlegensten Orten.

Und die ganze Zeit ist die Liebe nur ein paar Zentimeter entfernt.«

Vielleicht ist es besser, statt von Liebe zu sich selbst erst einmal von Freundschaft zu sich selbst oder von Selbst-Akzeptanz zu sprechen. Die meisten Menschen sehnen sich danach, Anerkennung zu finden. »Was du willst, das man dir tu, das füge auch dir selber zu«, reimt Sam Keen. Und es stimmt: Um die Zuneigung anderer annehmen zu können, brauchen wir die gute Beziehung zu uns selbst, denn alle Gefühle und Haltungen, die wir zur Welt einnehmen, bedingen sich durch unsere Beziehung zu unserem inneren Kind, unserem inneren Erwachsenen, unserem höheren Selbst. Wenn wir uns Zeit nehmen, in uns hineinzuhorchen, entdecken wir auf der inneren Bühne all die Figuren unserer Vergangenheit wieder, die uns in irgendeiner Weise beeindruckt und geformt haben. In uns leben die alten Lehrer und giftigen Tanten, die liebevolle Oma, die gütige Mutter, der schlitzohrige Freund und der liebe Gott, zu dem wir als Kind gebetet haben. Diese Figuren verkörpern innere Kräfte, die in Ausgewogenheit miteinander existieren sollten, damit wir nicht durch widerstreitende innere Kräfte im Wachsen behindert werden. Um frei von den problematischen Beziehungen der Vergangenheit handeln zu können, brauchen wir eine respektvolle, anerkennende Beziehung zu uns selbst. Wir bleiben Regisseur im Theater, wenn wir unser Bedürfnis nach Gesehenwerden selbst erfüllen. Alle Anerkennung der Welt nützt uns nichts, wenn wir uns selbst nicht wertschätzen.

Und wie lernen wir, uns selbst zu sehen? Indem wir uns Zeit und Raum nehmen, spüren und verstehen, was Körper und Herzgeist brauchen. Indem wir ehrlich mit uns selbst sind und uns nicht vorgaukeln, etwas zu sein, was wir nicht sind. Indem wir uns nicht ständig vergleichen und verurteilen und uns mit Erwartungen nicht unter Druck setzen. Indem wir es wagen, immer einfacher zu leben und uns auf das Dasein in der Gegenwart einlassen. Die Beziehung zu unserem Herzen möchte aktiv gepflegt werden, nicht nur im Urlaub, sondern ganz besonders im Alltag. Das braucht Verlässlichkeit und Selbstdisziplin. Die Versprechen, die wir uns selbst geben, sollten wir auch einhalten. Nur dann kann sich Selbstvertrauen entwickeln. Die Metta-Sätze erinnern uns daran. »Mögest du glücklich sein – mögest du dich wohl und geborgen fühlen – mögest du gesund sein und unbeschwert durch deinen Alltag gehen.« Wir wiederholen sie immerzu und achten darauf, dass wir wirklich spüren, was wir sagen, und das wir in Handlung umsetzen, was wir uns vornehmen.

»Ich kann doch nicht einfach Liebe zu mir selbst hinschicken. Das habe ich doch gar nicht verdient«, höre ich oft in meinen Kursen. »Wie kann ich sagen, ich selbst solle glücklich sein, wenn ich weiß, dass es gar kein Glücklichsein für mich gibt. Ich glaube nicht an die Möglichkeit des Glücks. Vielleicht könnte ich eher sagen: Möge ich mich in meiner Unvollkommenheit akzeptieren.«

Jeder muss für sich selbst herausfinden, wie sich die Tore zur Metta-Praxis öffnen. Wir können uns ja nicht zur Liebe zwingen. Der Satz »Möge ich mich in meiner Unvollkommenheit akzeptieren« klingt wahrhaftig und kann die allgemeinere Formel »Möge ich glücklich sein« durchaus ersetzen, denn »glücklich« klingt für manche unerreichbar perfekt, für andere genau richtig.

»Wenn ich zu mir selbst sage ›Möge ich glücklich sein‹, klingt das für mich wie Selbst-Suggestion«, sagen einige. »Ich kann mir nicht wünschen, glücklich zu sein, wenn ich gerade traurig bin. Das passt doch nicht zusammen.« Was ist der Unterschied zwischen einem Wunsch und einer Suggestion, zwischen sich etwas wünschen und sich etwas einreden?

Wenn wir uns wünschen, glücklich zu sein, obwohl wir gerade traurig sind, erschaffen wir mit diesem Wunsch einen Raum, in dem Glück möglich sein kann. Wir formen den Energielauf, wir säen eine Prise Hoffnung. Wünsche richten den Blick aus. Sie wecken Kräfte der Freude, die ihre ganz eigene Dynamik entfalten. Die Metta-Übung setzt Impulse, stößt wie bei einem Billardspiel die Kugeln an, schafft bestmögliche Umstände und trainiert auf diese Weise den Geist, sich wohlwollend zu zentrieren, ohne dabei in zwanghaft positives Denken zu verfallen.

In der Auseinandersetzung mit Wünschen können wir viel über uns erfahren. Metta-Sätze sollten offen formulierte Wünsche sein, kurz, knapp und klar. Wünsche sind frei, die Suggestion dagegen haftet am Ergebnis. Wenn wir uns etwas wünschen, muss das nicht automatisch heißen, dass es wahr wird. Wir können uns Sonnenschein für morgen wünschen und trotzdem macht der Himmel, was er will, es kann durchaus Regen geben. Wer nicht wagt, aus Angst vor Enttäuschung einen Wunsch zu äußern, der packt zu viel Gier, zu viel fixierendes Anhaften in den Wunsch. Wer sich fürchtet, einen Wunsch auszusprechen, weil sich sein Gegenüber dadurch unter Druck gesetzt fühlen könnte, der verspürt selbst nicht die Freiheit, einen Wunsch abzulehnen. Wer meint, ein Wunsch, der nicht erfüllt wird, sei von vornherein falsch gewesen, bestraft sich doppelt. Zögern Sie nicht, Ihre Bedürfnisse zu erkennen und zu benennen, wagen Sie es, die Wünsche zu formulieren und bleiben Sie offen für alles, was dann geschieht.

Durch Metta-Meditation initiieren wir keine unkritische Liebesaffäre mit uns selbst, keine oberflächliche Schwärmerei, keine Schönfärbung, kein Gut-Reden im Sinne von Suggestion oder positiven Affirmationen. Die Metta-Praxis will einen Raum für ein erfülltes Leben definieren, sie will Ausrichtung geben, uns helfen, eine Wahl zu treffen im Alltag, im gewohnheitsmäßigen Handeln. Metta provoziert die Frage: Trägt mein Verhalten wirklich dazu bei, dass ich glücklich werden kann? Die Metta-Sätze bringen uns zur Besinnung, helfen uns zu unterscheiden: Was will in meinem Leben zur Erfüllung kommen? Gebe ich mir genügend Chancen? Erlaube ich mir, Unterstützung zu finden? Lebe ich gesund? Gebe ich mir genügend Raum? Mache ich mir unnötige Sorgen? Gewähre ich mir genügend Schutz? Wir reden uns nicht ein: Du bist frei, du bist glücklich, du bist unbeschwert, alles ist wunderbar.

Im Gegenteil – wir erweitern mit dieser Praxis unsere Selbstwahrnehmung und hören auf den Klang der drohenden inneren Stimmen, auf das schwierige Echo, das der Wunsch in uns auslöst.

Der Wunsch öffnet den Raum, die Suggestion verschließt ihn. Wenn wir zum Beispiel sagen: »Möge ich in Sicherheit und Geborgenheit leben«, dann wird in der Meditation all das auftauchen, womit wir uns nicht wohl fühlen, was uns hindert, Geborgenheit zu erleben. Suggestion würde heißen, auf sich selbst einzureden und zu verdrängen, den Schatten wegzuschieben, das Material, das auftaucht mit dem Gewicht der Stimme niederzudrücken. Die Suggestion würde lauten: »Ich fühle ich mich sicher und geborgen.« Basta. Der suggestive Satz klingt direktiv und erlaubt keine Gegenreaktion, während wir mit den Metta-Sätzen unser Unbewusstes einladen, zu uns zu sprechen. Wo wir in den Wirren des Alltags lieber die Augen verschließen, beginnen wir ehrlich und aufrichtig zu spüren. Das führt dazu, auch die schwierigen Seiten in uns selbst zu erkennen. Von Moment zu Moment nehmen wir Angenehmes und Unangenehmes gleichermaßen wahr. Auf diese Weise üben wir eine Form von radikaler Akzeptanz und spüren, wo und wie wir uns selbst unterdrücken, verurteilen, schämen und uns fürchten, Schattenseiten zu erkennen. Gaukeln wir uns selbst etwas vor? Haben wir Angst vor dem Alleinsein? Gehen wir ohne Zögern über innere Verpflichtungen hinweg, weil niemand etwas davon weiß?

Manche Menschen fürchten, mit der Konzentration auf sich selbst in Selbstsucht zu verfallen. Selbstliebe wird leicht moralisierend mit Konzepten wie Eitelkeit, Überheblichkeit und Stolz bedacht. Für einige ist Selbstliebe gleichbedeutend mit Narzissmus oder Egozentrik, während Selbstlosigkeit als Tugend angesehen wird. Doch Freundschaft zu sich selbst und Selbstsucht sind Gegensätze, die einander ausschließen. Selbstsucht erwächst aus innerer Armut, aus Leere, unersättlicher Bedürftigkeit und Unvollständigkeit. Wer sich selbst nicht leiden kann, kompensiert den Mangel an Selbst-Liebe durch die Gier nach Bestätigung von außen. Besorgt darum, ob ihm genügend Aufmerksamkeit geschenkt wird, fühlt sich der von Selbstsucht getriebene Mensch häufig abhängig, enttäuscht oder ungerecht behandelt. Sein Herz ist verschlossen, die Türen öffnen sich nur in eine Richtung – zum Aufnehmen und Einverleiben.

In einem Gespräch zwischen verschiedenen westlichen Gelehrten und dem Dalai Lama bemerkte die amerikanische Metta-Meditations-Lehrerin Sharon Salzberg, wie wichtig es für viele Menschen im Westen sei, ihre Selbstverachtung und ihr Unwertgefühl erst einmal durch Metta für sich selbst zu heilen. »Ein wichtiger Begriff im tibetischen Buddhismus ist Selbstzentriertheit, also die Pflege des eigenen Wohlbefindens vor dem aller anderen Menschen. »Kann jemand eine solche Selbstzentriertheit haben und gleichzeitig einen Mangel an Selbstwertgefühl?«, wollte der Dalai Lama wissen. Und er fuhr fort: »Im tibetischen Buddhismus kann man so fragen: ›Hat ein Buddha auch Eigeninteresse oder nur Anteilnahme an anderen Menschen?‹ Die Antwort – und das ist ein entscheidender Punkt – lautet: ein Buddha hat beides.«[6]

Selbst-Liebe ist Ausdruck eines inneren Sattseins. Wer sich selbst liebt, fühlt sich genährt und zufrieden, im Einklang mit sich selbst, eingebunden, doch nicht angewiesen auf die Welt, voller Lust zu teilen und zu geben. Wer sich selbst genügend Raum lassen kann, ist frei, die eigenen Interessen zurückzustellen und den Bedürfnissen anderer Priorität zu geben. Das entspricht dem selbstlosen Handeln, das auf Metta basiert. Geheuchelte Selbstlosigkeit reagiert nervös-gereizt und kontrollierend, wenn es darum geht, die eigenen Bedürfnisse hintenanzustellen. Weil kein inneres Reservoir an Selbst-Liebe vorhanden ist, besteht die fortwährende Angst, die Zuneigung der Mitmenschen zu verlieren, wenn man sich abgrenzt und Nein sagt. Man fühlt sich zu selbstlosem Handeln gezwungen. So besteht die Tendenz, sich zu überfordern, sich zu verlieren, zu sehr über die eigenen Grenzen zu gehen.

Liebevolle Aufmerksamkeit für sich selbst und Egozentrik können also nicht in einen Topf geworfen werden.

Ein schönes Beispiel für natürliche Selbst-Akzeptanz erzählte mir ein Freund, der stolzer Großvater ist. Kürzlich saß er mit seinem elfjährigen Enkel am Ende eines langen gemeinsamen Tages in stillem Einvernehmen nebeneinander im Bus. Der Junge schaute den Großvater an und sagte: »José, wenn ich mal so alt bin wie du, dann möchte ich einen Enkel haben, der genauso ist wie ich.«

Auch der Schriftsteller Erich Fried denkt in dem Essay »In der letzten Zeit vor meinem Tod«[7] über die Liebe zu sich selbst nach:

»In der letzten Zeit vor meinem Tod ist meine Eigenliebe wieder größer geworden. Nicht auf Kosten der Liebe zu meinen Kindern, zu meiner Frau oder zu meinem sechs Monate alten dritten Enkelkind, das hier im Haus wohnt ... Die Eigenliebe ist etwas ganz anderes, zum Teil eine Wiederentdeckung. Morgens nach dem Erwachen kann ich mit einer Fingerkuppe die Haut über meinen Rippen streicheln und ihre warme, weiche Berührung genießen wie als kleines Kind. Auch das mein ganzer Körper, wo immer ich ihn anrühre, Beine, Bauch, Geschlecht, Arme, greifbar vorhanden ist, solid und sich gleichzeitig recht wohlfühlt, kann eine kleine Freude sein, die ich mir jetzt fast jeden Tag nach dem Erwachen und vor dem Einschlafen bereite. Manchmal fahre ich mir auch untertags mit der Hand liebevoll über den Nacken, über die Wange, oder mit der Rechten über den linken Oberarm, und finde das gut. Manchmal wird mir bei diesem Wissen und Fühlen meines Vorhandenseins ganz warm.«

Den Mut, sich selbst auf diese Weise zu begegnen, haben wir vielleicht am ehesten in der Konfrontation mit dem Tod. Plötzlich sehen wir den Körper wie ein altes, kostbares Kleidungsstück, das uns lange gewärmt und begleitet hat. Wir können es nicht mehr tragen, mögen aber auch noch nicht darauf verzichten. Die Hände wollen es spüren, die Augen liebkosen es immer wieder und wollen es nicht loslassen. Das Wissen um unsere eigene Existenz lässt das Herz freudig erschauern. Wie lange noch? Wenn es jeden Moment vorbei sein kann, hat das Leben eine Kostbarkeit, die mit nichts auf der Welt aufzuwiegen ist.

ÜBUNG

Nehmen Sie sich zwanzig Minuten ungestörte Zeit und setzen Sie sich bequem hin, mit geschlossenen Augen, nachdem Sie die folgenden Anweisungen gelesen haben:

Spüren Sie, wie zu Beginn aller Übungen, Ihre Anwesenheit in Ihrem Körper. Nehmen Sie sich dafür einige Minuten Zeit und scannen Sie besonders die Kontaktflächen zwischen Körper und Sitzmöbel oder Fußboden ein: Wo spüren Sie Druck, Reibung, Wärme, wie geben Sie Ihr Gewicht an den Boden ab, können Sie die Kontaktflächen noch breiter und entspannter werden lassen? Rufen Sie dann in Ihrer Phantasie ein wunderbares Wesen herbei, dem Sie zweifellos glauben, dass es Sie so annehmen kann, wie Sie sind.

Das wunderbare Wesen, das Sie in Ihrer Vorstellung erschaffen, kann ein Mensch sein, eine Göttin oder ein alter Weiser. Stellen Sie sich einfach das liebevollste Wesen vor, das Ihre Imagination hervorbringen kann. Es muss nicht einmal einen Körper haben, es kann auch reine Anwesenheit sein. Spüren Sie die Anwesenheit des wunderbaren Wesens. Wie wirkt sie sich auf Ihren Körper aus?

Jetzt lassen Sie das wunderbare Wesen zu sich sprechen. Es sagt Ihnen all das, was Sie schon immer hören wollten, wonach Sie sich wirklich sehnen. Bewerten und beurteilen Sie nichts, wiederholen Sie die Sätze, die Sie gerne hören, lassen Sie das wunderbare Wesen zu sich sprechen und die schönsten Dinge sagen, die Ihnen in den Sinn kommen.

Fühlen Sie die Wirkung der Sätze in Ihrem Körper.

Bedanken Sie sich mit einer inneren respektvollen Verneigung und lassen Sie das wunderbare Wesen wieder gehen, wenn Sie das Gefühl haben, dass es für sie genügt.

Bleiben Sie abschließend einige Minuten in Stille sitzen und nehmen Sie wahr, welches Echo die Aussagen des wunderbaren Wesens in Ihnen hat.

Leben ist Begegnung

Nachdem Sie die Metta-Übung mit der Konzentration auf sich selbst begonnen haben, führt die Übung Sie nun Schritt um Schritt in den Kontakt mit verschiedenen Menschen. Dabei können Erinnerungen und schwierige Gefühle aufgewühlt werden. Nehmen Sie sich immer mehr Zeit und Raum zum Verdauen der Übungen, als Sie selbst vielleicht zunächst für nötig halten, denn Metta möchte uns lehren, was mit uns und anderen in der Begegnung geschieht.

Irgendwann haben wir alle angefangen, über unsere Beziehungen nachzudenken. Wir möchten glücklich und zufrieden sein in Familie und Partnerschaft, mit unseren Freunden, Kollegen und Nachbarn. Wir wünschen uns Zuverlässigkeit, Verständnis und Unterstützung, möchten Freude miteinander haben, feiern und ausgelassen sein. Je wacher wir in Beziehung zu uns selbst werden, desto mehr erkennen wir, dass sich in unserem Verhalten gegenüber anderen Menschen unser inneres Verständnis von uns selbst spiegelt. Sind wir reizbar, aufgeregt, ungeduldig im Herzgeist, so zeigt sich das ebenso leicht in unserem Umgang mit anderen, wie wenn wir liebevoll, mitfühlend, großzügig und ruhig sind. Unsere innere Arbeit, der Prozess der Befreiung von unseren alten Konditionierungen, reflektiert sich in unseren Beziehungen. Beziehung sind die Hefe, die unseren Saft zum Gären bringen. Nirgendwo in meinem Leben habe ich mehr über das Lieben und Loslassen gelernt als in meinen Beziehungen.

»Alles wirkliche Leben ist Begegnung«, sagt Martin Buber und fährt fort: »Beziehung ist Gegenseitigkeit. Mein du wirkt an mir, wie ich an ihm wirke. Unsere Schüler bilden uns, unsre Werke bauen uns auf … Wie werden wir von Kindern, wie von Tieren erzogen! Unerforschlich einbegriffen leben wir in der strömenden All-Gegenseitigkeit.«[8]

Vielfach unbewusst wählen wir unsere Gegenüber so aus, dass sie unsere unerledigten Geschäfte ins Bewusstsein bringen. Unsere Mitmenschen locken Unbewältigtes aus uns heraus, sie bringen das hervor, was wir selbst gerne übersehen, das Verborgene, das nach Heilung ruft. Beziehungen versetzen uns in Aufregung über das, was wir an uns selbst nicht leiden können. Unsere Liebsten reagieren auf unsere Knoten. Sie reizen uns genau da, wo wir es brauchen, sie treiben uns zur Weißglut und in Verzweiflung und machen uns gleich anschließend wieder himmlisch zufrieden.

Beziehung erzeugt Reibung, die wie ein Katalysator auf unsere inneren Prozesse wirkt und unsere persönlichen Begrenzungen hervorhebt. Rigide Seiten, die wir in uns versteckt haben, werden sichtbar. Menschen, die leicht aufbrausen, wählen als Partner oft jemanden, der leicht »ihre Knöpfe drückt«, so dass sie mit ihrer schwierigen cholerischen Eigenschaft in häufigen Kontakt kommen. Menschen, die zum Rückzug neigen, haben oft Partner, die genau das Gegenteil lieben, die gern unter vielen Leuten sind.

In unserem Bewusstsein erwachen durch nahe Beziehungen die Bereiche des Selbst, die wir nicht genug beackert haben. Wir spüren, wo sich unser Herz gegenüber uns selbst und unserem Gegenüber verhärtet und wir fühlen uns aufgerufen, uns unter dem wärmenden Licht der Liebe zu öffnen. Wenn mein Gegenüber mich immerzu an etwas erinnert, was mir Kummer macht, muss ich meinen Kummer heilen, sonst können wir uns miteinander nicht wohl fühlen. An dieser Stelle entsteht der Antrieb zur Veränderung. Scott Pecks Definition von Liebe macht das deutlich: »Liebe ist die Bereitschaft, die eigenen Grenzen so zu erweitern, dass dadurch spirituelles Wachsen bei sich selbst und anderen genährt werden kann.«[9]

Beziehungen schärfen die Konturen unseres unbewussten Verhaltens. Liebe fordert uns zur Expansion heraus, und zwar genau dort, wo wir nicht gedacht hätten, dass es noch einen Schritt weiter geht. Wir erkunden unseren Widerwillen gegen das Nachgeben, unser Festhalten an Macht und Gewinn, unsere abschätzigen Selbstbilder, unseren Stolz. Wir erkennen, dass wir dort loslassen müssen, wo unsere Grenzen sind, dass wir genau dort weich werden wollen, wo wir stets verhärten. Wir wagen, in das Unbekannte zu gehen. Das können wir nur, wenn unsere Liebe größer ist als die Angst vor dem Schmerz, vor der Scham, als unliebenswürdiges Wesen gesehen zu werden. Und uns wird klar: Alles, was wir gegen andere richten, wendet sich auch gegen uns selbst, alles, was wir gegen uns selbst wenden, richtet sich auch gegen andere. Martin Buber sagt: »Der Mensch wird am Du zum Ich. Gegenüber kommt und entschwindet, Beziehungsereignisse verdichten sich und zerstieben, und im Wechsel klärt sich, von Mal zu Mal wachsend, dass Bewusstsein des gleich bleibenden Partners, das Ich-Bewußtsein.«[10]

Der Abstand, den wir zu unserem Schmerz, unserer Trauer, unseren vernachlässigten Wunden haben, ist auch der Abstand, den wir in unseren intimen Beziehungen zueinander einhalten. Oft wünschen wir uns mehr Nähe, doch Nähe zu erlernen fällt uns nicht leicht, wenn wir in einer Kultur des inneren Voneinander-Getrenntseins aufgewachsen sind. Gezeichnet von Verletzungen und ungestillter Sehnsucht ist es schwer, gegenwärtig und respektvoll zu sein. »Wenn wir untersuchen, was uns von der Nähe und von der Liebe abhält, entdecken wir, dass es immer eine Erwartung, eine Hoffnung, ein Gedanke oder eine Phantasie ist. Es ist dieselbe Erwartung, die uns daran hindert aufzuwachen.«[11]

Je mehr wir erkennen, wie wir selbst Annäherung verhindern, desto mehr möchten wir über unser Verhalten hinauswachsen.

Stephen und Ondrea Levine, die Autoren eines spirituellen Wegweisers für Liebende mit dem Titel *In Liebe umarmen*[12], haben in ihrer Ehe erfahren, dass die Distanz zwischen Partnern nicht überwunden werden kann, indem einer dem anderen seinen Freiraum opfert, sondern indem beide gemeinsam in das Unbekannte eindringen, das zwischen ihnen liegt. Für sie heißt das, auch mit dem lange aufgespeicherten Kummer des Liebespartners umzugehen, sich gegenseitig zu heilen. »In einer Beziehung zu leben bedeutet, sich auf der Reise ins eigene Innere dem Lebensschmerz des anderen zu öffnen«, sagt Stephen Levine.

Niemals zuvor in der Geschichte der Menschheit haben Paare jedoch so wenig Unterstützung von außen erfahren. Es gibt bei uns kaum noch religiöse oder gesellschaftliche Regeln, es gibt kaum Familientradition, wenige Rituale, die Paare zusammenhalten und stützen. Früher musste die Ehe aus gesellschaftlichen und aus ökonomischen Gründen bestehen bleiben. Status war entscheidend. Heute bestimmen die Gefühle. Wer weiß, wie schnell Gefühle sich wandeln, wundert sich nicht, dass Paarbeziehungen auf dieser Grundlage leicht destabilisiert werden. Jedes Paar muss ständig neu definieren, warum es zusammen ist und zusammen bleiben will. Jenseits von Pflicht und romantischem Gefühl braucht die moderne langjährige Paarbeziehung einen neuen Fokus, eine Grundlage für Stabilität und Form.

»Wenn wir ein neues Engagement in unseren intimen Beziehungen kultivieren wollen, sollten wir die ungeheuren Möglichkeiten erkennen und willkommen heißen, die intime Beziehungen gewährleisten, um zu unserer wahren Natur zu erwachen. Wenn Beziehungen wirklich zur Blüte kommen sollen, müssen sie das unterstützen und reflektieren, was wir selbst wirklich sind, jenseits von allen begrenzten Selbstvorstellungen und Bildern, die sich Familie, Gesellschaft und unser eigener Geist machen«[13], erklärt John Welwood, der sich intensiv mit der spirituellen Bedeutung von Partnerschaft beschäftigt hat, und er regt an, die Paarbeziehung in den Mittelpunkt der spirituellen Praxis zu stellen, um ihr damit eine ganz neue und eigenständige Grundlage zu geben, unabhängig von dem emotionalen Auf und Ab, das jede Beziehung immer wieder durchlebt.

John Welwood ist von der transformierenden Kraft der Liebe überzeugt, weil sie die zwei entgegengesetzten Seiten in uns selbst zusammenbringt, die kontrahierte und die expansive, die träge und die erwachte. Wenn Partner sich Zeit nehmen, miteinander ihren Lebenslauf und ihre Lernprozesse zu reflektieren, erkennen sie die Muster in ihrer Verbindung und entwickeln in ihrer Beziehung eine dritte Dimension, die über ihr jeweils eigenes Leben hinausweist. Sie suchen gemeinsam nach Antwort auf die großen Lebensfragen: Wer bin ich – in Beziehung zu dir, was suche ich – in Beziehung zu dir, was nährt mich – in Beziehung zu dir. Vier Augen sehen mehr als zwei – andere Einsichten sind möglich. Geborgen im Miteinandersein wird das Getragensein in der Welt bekräftigt. Doch das alles ist nur möglich, wenn jeder einzeln für sich auch seinen Weg geht und sich frei und unabhängig fühlt, wenn der andere nicht dazu benutzt wird, die inneren Lücken zu füllen. Sobald wir in Abhängigkeit rutschen, nimmt die Lebendigkeit ab. Liebe, die festnageln will, kann geistiges Wachsen kaum erlauben.

Im Mittelpunkt der vielen Dinge, die ich von meinem Lehrer gelernt habe, steht die Aussage, dass Erleuchtung Nähe zu allem ist. Wenn das, was zwischen uns und anderen liegt, die Summe unserer unerledigten Geschäfte ist, dann besteht unser Lernprozess darin, diese Dinge aus dem Weg zu räumen, in Beziehung zu anderen zu erwachen und dadurch einander näher zu rücken. Jeder, der sich in einer spirituellen Praxis übt, wird sein Lernen und Wachsen in Beziehungen reflektiert sehen. Beziehungen sind ein klares Feedback für unseren inneren Entwicklungsstand. Eine partnerschaftliche Beziehung ist ein wunderbares Übungsfeld für Metta-Praktizierende, denn durch die Metta-Meditation kultivieren wir eine Reihe von Qualitäten, die in jeder partnerschaftlichen Beziehung unterstützend und förderlich wirken.

Voraussetzung für die Metta-Übung ist es, regelmäßig Zeit und Raum für die innere Kommunikation bereitzustellen. Meditierende pflegen das Hinhören in aller Stille. Sie versuchen, das anzunehmen, was sich in der Gegenwart zeigt, sie möchten Raum für alles lassen. Ähnlich ist es, wenn wir uns mit einer anderen Person tief verbinden. Unser Herz öffnet sich für ganz neue Möglichkeiten. Im Prozess des Kennenlernens baut sich ein immer tieferer Kontakt auf, Verständnis und Vertrauen werden geprüft, man gibt alte Konditionierungen auf und wagt, sich einzulassen. Es entsteht ein gemeinsamer intimer Raum, der Grenzen und Schutz braucht und regelmäßig genährt werden sollte, durch lange Gespräche und Zeit, die man miteinander verbringt. Die Begegnung mit sich selbst in der Meditation und die Begegnung mit einem Liebespartner gedeihen unter ganz ähnlichen Bedingungen.

Regelmäßige Meditation etabliert ein lebendiges und stabiles Verhältnis zu sich selbst. Meditation ist Dialog mit sich selbst. In der Meditation lernen wir uns selbst kennen. Wir lernen innere Prozesse zu benennen und zu belassen. Es ist Raum für Gefühle und Konflikte da, die mit Akzeptanz aufgenommen werden. Genau das brauchen auch Beziehungen. Sicheres Verbundensein mit dem eigenen Inneren ermöglicht viel besser den Kontakt mit einem geliebten Menschen. So, wie wir mit uns selbst umgehen, können wir dann auch mit dem oder der Geliebten umgehen. Wer sich zu sich selbst hin öffnet, kann auch wagen, einem anderen Menschen gegenüber offener zu sein. Auf diese Weise weckt Meditation die Bereitschaft, aufeinander zuzugehen und sich mitzuteilen.

In der Metta-Meditation stehen die Wünsche im Mittelpunkt, nicht die Erwartungen. Wenn wir uns Metta-Wünsche für die Partnerin überlegen, unterstützen wir damit ihr bestes, wir fördern ideell ihr Wachsen. Durch aktives Aussenden der Metta-Wünsche schaffen wir Ausgleich für all die Seiten in der Beziehung, wo Erwartungen und Forderungen gestellt werden und wir uns dagegen auflehnen und abwehrend sind. Metta unterstützt das Beziehungsgleichgewicht, das Gleichgewicht zwischen Wünschen und Erwartungen, zwischen Geben und Bekommenwollen.

Durch Metta-Meditation wird ein Reinigungsprozess angeregt, der uns unsere eigenen schwierigen Seiten vor Augen führt. Je mehr wir die sehen, desto mehr können wir sie auch bei unseren Nächsten akzeptieren. Die Bereitschaft, den Partner in seiner Problematik zu sehen und anzunehmen, wird dadurch gestützt.

Meditation sensibilisiert unsere Präsenz in Veränderungsprozessen. Meditierende üben, im Fluss zu bleiben. Auch eine Beziehung braucht Prozessbewusstsein, braucht miteinander und mit sich selbst im Fluss sein, nicht nachtragend sein, sondern in der Gegenwart miteinander Klarheit schaffen.

Meditation schult Achtsamkeit im Alltag. Beziehung ist liebevolle Aufmerksamkeit im täglichen Miteinander.

ÜBUNG

7. Aufgabe

Sie werden spüren, wenn Sie bereit sind, den nächsten Schritt zu tun. Bedenken Sie, dass Sie jederzeit, auch vorübergehend, zum Metta für sich selbst zurückkehren können.

Wenn wir die Metta-Sätze so lange zu uns selbst hin gesprochen haben, bis wir ein erstes Gesättigtsein spüren, richten wir sie als Nächstes an eine Person, die uns im Leben viel Gutes bereitet hat. In den traditionellen Anleitungen heißt diese Person »der Wohltäter«. Bei uns spricht man heute eher von einem Mentor oder einer Mentorin – einer Person, die uns unter ihre Fittiche nimmt und nach besten Kräften unterstützt und fördert. Das kann unsere Meisterin sein, unser Großvater, ein ehemaliger Chef, praktisch alle, die uns in entscheidenden Lebensabschnitten durch Akzeptanz oder besonderes Verständnis Kraft gegeben haben. Auch ein wichtiger Trainer, den Sie in der Jugendmannschaft hatten, kann gut Ihr »Wohltäter« sein. Wählen Sie nur Menschen aus, die noch am Leben sind. Sie müssen aber nicht mehr direkt in Ihrem Leben vorhanden sein. Wählen Sie jetzt und auch künftig keine Personen, zu denen eine sexuelle Anziehungskraft besteht, damit Verlangen Ihre Metta-Gefühle nicht einfärben kann. Das Empfinden gegenüber dieser Person sollte von Dankbarkeit bestimmt sein. Wer taucht da vor Ihrem inneren Auge auf? Wenn Sie sich für eine Person entschieden haben, stellen Sie sich während der Meditationssitzung vor, dass diese Person vor Ihnen sitzt. Spüren Sie ihre Gegenwart und die Gefühle, die dadurch bei Ihnen ausgelöst werden. Stellen Sie einen Herz-zu-Herz-Kontakt her und sagen Sie die gleichen Metta-Sätze zu ihrer Mentorin, die Sie vorher an sich selbst gerichtet haben. Behalten Sie dabei das Bild Ihres Gegenübers vor dem inneren Auge. Bleiben Sie eine Woche oder länger bei dieser Person.

8. Aufgabe

Die nächste Person, der Sie Ihre Metta-Wünsche senden, ist nun ein guter Freund oder eine gute Freundin. Wählen Sie eine Person aus, die Sie gern haben und der Sie wirklich alles Gute wünschen. Stellen Sie sich während der Meditationssitzung vor, dass diese Person vor Ihnen sitzt. Spüren Sie ihre Gegenwart und die Gefühle, die dadurch bei Ihnen ausgelöst werden. Senden Sie von Herz zu Herz Ihre Metta-Sätze und behalten Sie dabei das Bild Ihres Gegenübers vor dem inneren Auge. Bleiben Sie eine Woche oder länger bei dieser einen Person.

9. Aufgabe

Die folgende Person, die Sie, wie oben beschrieben, in Ihre Meditation aufnehmen, ist die so genannte »neutrale Person«, jemand auf den Sie weder mit besonderer Abneigung noch mit besonderer Zuneigung reagieren. Wählen Sie eine Person, der Sie im Alltag regelmäßig begegnen, ohne ihr besondere Aufmerksamkeit zu schenken. Zum Beispiel den Fahrkartenschaffner, den Bus-Fahrer, die Kassiererin im Supermarkt, den Hausmeister, die Postbotin. Bleiben Sie auch hier bei der ausgewählten Person mindestens eine Woche.

Fixiert sein

Anhaftung basiert auf Furcht und macht unglücklich, Metta gründet sich in Vertrauen und erlaubt uns, glücklich zu sein.

Die ungesunde, die »gefangene« Seite der Liebe wird in der buddhistischen Tradition »Anhaftung« genannt. Anhaftung ist der »nahe Feind«, das Missverständnis, von Liebe. Wir können auch von Abhängigkeit, Anklammern oder Fixiertsein sprechen, weil diese Worte im heutigen Sprachgebrauch geläufiger sind. Häufig ist es schwierig, Metta von Anhaftung zu unterscheiden. Und noch schwieriger scheint es, Anhaftung nicht zu verurteilen und nicht aversiv darauf zu reagieren, sondern anzuerkennen, dass auf der Suche nach Liebe die Begegnung mit dem Missverständnis dazu gehört und dass ich Liebe von Anhaftung nur dann unterscheiden lerne, wenn ich beides bewusst erlebe.

Anhaftung können wir charakterisieren als zwanghaftes Bedürfnis nach Geliebtwerden. Wenn wir bereit sind, den Kontakt zu uns selbst aufzugeben, um Zuneigung zu bekommen, wenn wir meinen, ohne die Liebe einer bestimmten Person nicht leben zu können, wenn wir deshalb Unangenehmes lieber verschweigen, als die trennenden Konsequenzen von Wahrhaftigkeit auf uns zu nehmen, dann erleben wir Anhaftung. Wenn die Liebe an Ergebnisse gebunden ist, wenn der Geist fiebrig und aufgeregt auf ein bestimmtes Objekt fixiert ist, dann ist Gier die treibende Kraft, nicht Liebe. Wenn die Liebe zum Partner die innere Leere stopfen soll und Anklammern mit Bindung verwechselt wird, dann herrscht Anhaftung statt Liebe.

Anhaftung fühlt sich eng und ausschließlich an, Metta beschränkt sich nicht. Anhaftung hält fest und klebt, Metta umarmt und lässt los. Anhaftung erregt und euphorisiert, Metta beruhigt. Anhaftung basiert auf Furcht und macht unglücklich, Metta gründet sich in Vertrauen und erlaubt uns, glücklich zu sein.

Das Missverständnis zwischen Anhaftung und Metta ist vergleichbar mit dem Unterschied zwischen Verliebtsein und Liebe. Verliebtsein bringt viel Lust zum Anhaften hervor. Närrisch zu sein nach jemandem, ihn oder sie unbedingt haben zu wollen und bereit zu sein, dafür alles hinzugeben, ist Ausdruck dafür, dass wir von einer starken Triebkraft befallen sind, die wir zwar sehr genießen können, die aber mit Liebe erst einmal nichts zu tun hat. Im Verliebtsein brechen unsere Ich-Grenzen zusammen, wir wollen uns in Gemeinsamkeit mit dem geliebten Objekt auflösen und interpretieren die starken Gefühle, die dabei geweckt werden, als Liebe. Schließlich lernen wir in unserer Kultur, dass Liebesbeziehungen und Ehen auf diese Weise beginnen. Doch im Gegensatz zur Verliebtheit ist die Liebe durch die Freiheit der Wahl und der inneren Entscheidung bestimmt. Wir können uns nicht entscheiden, uns zu verlieben, aber wir können uns entscheiden zu lieben. Liebe braucht unser Bemühen, Verliebtheit nicht. Verliebtheit ist von Emotionen beherrscht. In der Verliebtheit gehen wir uns nur allzu schnell und leicht selbst verloren. Wenn aus Verliebtheit dann tatsächlich eine Beziehung erwächst, beginnt damit auch das Ringen um die Rückkehr zu sich selbst. Viele Kämpfe junger Paare sind in den verzweifelten Versuchen begründet, eigenen Boden unter den Füßen zu gewinnen und ein ausgewogenes Maß an Selbständigkeit und Abhängigkeit in der Beziehung zu erlangen. Die zentrale Frage in Liebesbeziehungen lautet für mich: Können beide Partner gleichgewichtig sie selbst sein und zugunsten der Beziehung auch darauf verzichten, können sie in fließendem Wechsel zwischen Abgrenzung und Hingabe ihre Mitte wahren?

Manche Menschen gehen von vornherein jeder engen Beziehung aus dem Weg, weil sie nicht wissen, wie sie eine Beziehung leben können, ohne große Anteile ihres Ichs aufzugeben. Auch wenn der Partner das gar nicht verlangt – sie können nicht anders. In einer solchen Klammerbeziehung kann keiner ohne den anderen leben, und dadurch haben beide das trügerische Gefühl von Sicherheit. Diese Sicherheit ist jedoch starr und wachstumsfeindlich. Aus innerer Abhängigkeit wird alles getan, um eine Beziehung aufrecht zu halten, ganz gleich, wie zerstörerisch sie wirkt.

Wie frei und reif meine Liebe ist, zeigt sich an der Antwort auf die Frage: Kann ich meine Reaktionen frei wählen oder fühle ich mich ausgeliefert und zu einem bestimmten Verhalten gedrängt? Befindet sich ein Partner immer in der Position des Abhängigen oder erlauben sich beide abwechselnd mal stark, mal schwach zu sein? Wenn Frauen in der Ehe das Autofahren verlernen, Männer nie das Baby wickeln dürfen, wenn Rollenvorschriften starr sind und es keine Wahl gibt, die Rolle zu tauschen, wenn man sich dafür auch nicht einmal mehr einsetzt, aus Furcht vor den nötigen Auseinandersetzungen, dann ist die Liebe zu sehr von Anhaftung bestimmt.

Beziehung ist Ausdruck eines Kräfteverhältnisses. Gemeinsam gibt ein Paar Aufmerksamkeit und Energie für das, was beiden Partnern am Herzen liegt. Ist dieses Verhältnis so ausgewogen, dass beide ihre eigenen Anliegen mal zurückstellen, mal in den Vordergrund bringen, oder hat einer von beiden das Gefühl, sich übermäßig anzupassen? Hat jeder das Recht und die Kraft, den eigenen inneren Stimmen zu folgen, auch wenn sie von der gemeinsamen Linie abweichen?

Jede dauerhafte Beziehung braucht ein gewisses Maß an lebendigem Verlangen nach dem Partner. Wer in sich selbst zu Hause ist und sich dann frei dafür entscheidet, dieses Verlangen zu leben, der ist auch in der Lage sich abzugrenzen. Man kann die Pralinen essen oder dankend stehen lassen. Zum ungesunden Anhaften kommt es erst, wenn ein innerer Zwang besteht zum Naschen, wenn man nicht Nein sagen kann, wenn man die Interessen des Partners immer vor die eigenen Bedürfnisse stellt. Wenn aus Liebe zum anderen etwas getan wird, was der eigenen Intuition widerspricht, ist es nötig aufzuhorchen. Sobald der Hauptbezugspunkt für das eigene Denken und Handeln außerhalb des eigenen Selbst liegt, entstehen Schwierigkeiten. Man übernimmt leicht die Gefühle der Partnerin, obwohl man sich selbst tief innen ganz anders fühlt. Tagträumerei und Phantasie scheinen dann wichtiger zu sein als die Wirklichkeit, Grenzen verwischen sich immer mehr. Die Frage taucht auf: »Du siehst so traurig aus! Was habe ich bloß getan?« Nähe bedeutet dann nur noch Verschmelzen und Vereinnahmtwerden, bald wird die eigene Existenzberechtigung davon abgeleitet, was der andere denkt. Verlangen in diesem Ausmaß wird zum Gefängnis, in dem die Partnerschaft erstickt. Beide Partner werden bewusst oder unbewusst nach Auswegen suchen, um ihre Eigenständigkeit wieder erleben zu können. Um sich abgrenzen zu können, muss man wissen, was man im eigenen Inneren fühlt, und man braucht die Kraft, Unangenehmes nicht zu verschweigen. Wer ständig den Partner idealisiert und auf den Sockel hebt, muss auch mit Abstürzen in die Wirklichkeit rechnen.

Während Liebe durchaus bereit ist, die düsteren Elemente einer Beziehung zu integrieren, möchte Anhaftung nur die Sonnenseite sehen und erträgt es nicht, wenn das Idol zum Frosch wird.

Anhaftung ist gespickt mit Sorge und Zweifeln, Liebe glaubt und vertraut. Anhaftende Liebe zerbröselt mit der Zeit, Metta wird mit den Jahren immer stärker. Anhaftung fördert die Abhängigkeit des Partners, Liebe unterstützt Wachstum und Freiheit. Anhaftung macht verantwortlich, Liebe übernimmt Verantwortung. Anhaftung verbeißt sich in Zielvorstellungen, Liebe ist nicht an Bedingungen gebunden. Anhaftung sagt: Nur mit dir ist mein Leben schön. Ich kann ohne dich nicht leben. Liebe sagt: Das Leben ist schön. Ich kann ohne dich leben, und mit dir zu leben ist wunderbar. Anhaftung kontrolliert, Liebe lässt los.

»Ich bin so klein, man kann mich kaum sehen, wie kann die Liebe in mir nur so groß sein?«, ruft Rumi aus.

Und er antwortet sogleich:

»Schau deine Augen an. Sie sind auch ganz klein, doch sie können enorm Großes sehen.«

Böswilligkeit, Ärger und Hass

Wir können davon ausgehen, dass Wut und Ärger uns ebenso viel lehren wie die Liebe.

Da wir durch die Metta-Praxis in unserem Geist die gute Absicht kultivieren, ist der ferne Feind, das Gegenteil davon, die böse Absicht. Böswilligkeit, Rachelust, Ärger, Zorn, Hass – all diese Gefühle sind Abstufungen aversiver Kräfte im Geist, die sich aufbauen durch abwehrendes Sich-Verschließen gegenüber Erfahrungen, die man nicht haben will. Hass bildet sich als Antwort auf Unterdrückung, Einschränkung, Frustration oder absichtliche Verletzung, wenn der Geist keine Möglichkeit hat, das böswillige, gegen ihn gerichtete Verhalten zu akzeptieren. Da Metta bedingungslose Akzeptanz bedeutet, ist kämpferisches Niedermachen das genaue Gegenteil von Metta, ganz gleich in welcher Form es uns begegnet, ob als Racheimpuls, als verbales Angiften oder Faustschlag ins Gesicht.

Im Körper fühlt sich Metta warm, offen, angenehm an; Ärger, Böswilligkeit und Hass spüren wir dagegen nicht gerne, sie machen uns eckig, schroff, hart und giftig. Hassgefühle sind in unterschiedlichem Ausmaß für uns selbst und für andere unangenehm; deshalb möchten wir sie am liebsten gar nicht haben oder mit ihnen anders umgehen lernen. Wie kann Metta-Meditation uns darin unterstützen, die bösen Absichten zu verringern, den Hass zu heilen?

Es beginnt – wie immer – mit uns selbst, mit der Einsicht, wie sehr wir selbst unter unseren Hassgefühlen leiden. Je mehr wir in uns selbst und in anderen die Hassgefühle ablehnen, desto schwieriger wird es, sie zu heilen. Nur die akzeptierende Kraft der Liebe kann den Hass auflösen. Wir brauchen also viel Bereitschaft, viel Achtsamkeit und Verständnis, um diese feurigen, giftigen Empfindungen in uns zu fühlen und ihre Wurzeln zu erkunden. Metta kann den Hass umarmen, umgekehrt kann der Hass die Liebe vernichten. Wer von beiden stärker sein wird, das hängt davon ab, welche Gewohnheiten wir entwickeln, welche innere Haltung wir im alltäglichen Handeln kultivieren. Wir verwirklichen das in der Welt, was wir jeden Tag üben.

Je intensiver wir leben, desto stärker werden wir herausgefordert in unseren emotionalen Antworten auf Geschehnisse im Alltag. Menschen, die in einer brutalen Umgebung aufwachsen und mit den vielen herausfordernden Gefühlen nicht zurechtkommen, müssen sich verschließen, hart werden, sich eine dicke Schale zulegen. Andere erleben, dass sie in Beziehungen durch den ständigen belebenden Kontakt, durch die Reibung im Alltag, immer mehr Empfindungen zulassen können. Wer in einer guten Familien- oder Wohngemeinschaft lebt, wird sehr viel schneller wachsen und reifen. Können wir die unterschiedlichen Empfindungsebenen in unserem Umfeld akzeptieren, ohne sie zu beurteilen und zu bewerten? Entscheidende Lernprozesse laufen über den Kontakt zu unseren Mitmenschen ab. Wir denken: Ich kann dich nicht lieben, wenn du mich warten lässt; ich erwarte, dass du bezahlst, wenn wir miteinander ausgehen; ich gebe dir etwas, wenn du mir etwas gibst. Je mehr Bedingungen und Gier wir in die Begegnungen packen, je enger unsere Vorstellungen sind über das, was geschehen und nicht geschehen darf, desto leichter fühlen wir uns im Herzen verletzt. Wir erleben ungerechte Behandlung, wir vermuten absichtliche Frustration, fühlen uns nicht gesehen und nicht respektiert und reagieren darauf mit Ärger und Wut. Unsere tausend Vorstellungen darüber, wie das Leben zu sein hat, rufen Verwundungen und spontane Gegenreaktionen hervor. Im einfachsten Fall schmollt ein beleidigtes Herz, im schlimmsten Fall hasst es ganz mörderisch. Vorstellungen zu erweitern und loszulassen hilft uns sehr, die Wut zu heilen.

Wutanfälle werden oft mit einem Vulkanausbruch verglichen. Wut und Ärger sind heiß, flüssig wie Lava. Lassen wir diese Gefühle nicht zu und blockieren sie innerlich, dann erstarren sie wie kalte Lavamassen und verhärten das Herz. Wut und Schmerz verwandeln sich in Hass, wenn sie nicht ausgeräumt werden können. Das gebrochene Herz hasst, es möchte das zerstören, was es selbst als zerstörend erlebt hat, es will zurückschlagen, sich rächen. Rachegedanken sind ein Ableger von Hass. Rachegelüste verhindern Heilung, sie machen nicht glücklich, der Schmerz, das starre Herz wird davon nicht besänftigt, es vergiftet sich ständig selbst mit bösen Gedanken.

Wir können davon ausgehen, dass Wut und Ärger uns ebenso viel lehren wie die Liebe. In vertrauten Beziehungen brauchen wir die Fähigkeit, unseren Ärger auszudrücken, um mehr Nähe erlauben zu können. Ärger ist ein wertvoller Ausdruck unserer Lebensenergie. Beziehungen brauchen die reinigende Wirkung des Ärgers. Wenn Ärger nicht fließen kann, entlädt er sich unerwartet in unkontrollierter Wut und Hass.

Weil wir uns ein friedliches Zusammenleben mit anderen Menschen wünschen, sollten wir uns in jeder Begegnung, in der unser Ärger aktiviert wird, fragen, ob es sinnvoller ist, die Ruhe zu bewahren oder den Unmut zu zeigen. Dafür gibt es leider keine allgemein gültigen Regeln. Ich bin zum Beispiel überzeugt, dass flüchtige Kontakte gut und gern auf Ärger verzichten können. Ärger ist wie ein Geschenk, das wir nicht jedem Fremden aufdrängen sollten. Geschenke dieser Art bleiben besser vertrauten Beziehungen vorbehalten, während entferntere Kontakte es zu schätzen wissen, wenn wir unser Aufbrausen in Höflichkeit verpacken. Wir möchten ja auch nicht an jeder Straßenecke als Abladeplatz für den Ärger von fremden Menschen dienen.

Das soll jetzt aber nicht heißen, dass wir dem unzuverlässigen Handwerker oder der pampigen Bedienung nicht unsere Meinung sagen. Die Kernfrage ist: Mit welcher Absicht äußere ich mich – wohin soll das, was ich sage, führen? Geht es um die Sache oder um die Person oder um Gefühle, die gehört werden möchten? Wollen wir etwas heimzahlen oder eine gemeinsame Lösung suchen? Peilen Sie eine Konfliktlösung an oder gießen Sie Öl ins Feuer? Fragen Sie sich, ob dies wirklich der beste Moment ist, um eine Auseinandersetzung zu führen.

Innerlich sollten wir unseren Ärger in keiner Weise zensieren oder unterdrücken, sondern ihn sehen und annehmen, wie er ist. Ob und wie wir ihn zum Ausdruck bringen, muss in jeder Situation neu entschieden werden.

Es gibt so viele Gelegenheiten, bei denen wir uns von anderen Menschen ungerecht oder schlecht behandelt fühlen und in denen es nicht sinnvoll ist, im selben Moment schimpfend darauf zu reagieren. Wir wissen, dass es besser ist, die Ruhe zu wahren und nicht gleich zurückzuschießen, wenn unser Kollege mit dem linken Bein zuerst aufgestanden ist. Wir werfen dem Steuerbeamten, der uns partout nicht verstehen will, auch nicht alle Akten vor die Füße. Trotzdem wissen wir vor Erregung oft nicht, was wir denken und sagen sollen.

Das heißt nicht, dass wir jetzt mit allem und jedem einverstanden sein müssen, dass wir uns nicht beschweren, nicht wehren dürfen und keine Klage mehr erheben sollen. Ganz im Gegenteil – es heißt zu schauen, wann wir wirklich gehört werden können mit unseren Einwänden. Ich verhindere damit, meine Energien in nutzlosen Kämpfen zu verschwenden. Metta sollte lösungsorientiert eingesetzt werden.

Ich glaube, dass Ärger selbst gar nicht das Problem in Beziehungen ist. Es geht vielmehr um die Art, wie wir unser Nicht-Haben-Wollen kommunizieren. Können wir den Ärger respektvoll übermitteln und keinen Machtkampf damit verbinden, dann hat die Beziehung eine Chance, sich durch das Lösen von Konflikten zu vertiefen. Am Arbeitsplatz, in der Schule, im Sport oder in der Arbeit mit Gruppen wissen wir die reinigende Wirkung des Ärgers wohl zu schätzen. Überall wo wir eine Kontinuität und Vertiefung von Beziehungen suchen, braucht dieses schwierige Gefühl Raum und Aufmerksamkeit. Die Absicht, der Tonfall, der Kontext, in dem wir uns äußern, entscheidet. Je erregter man ist, desto unsicherer wird der Boden. Man sollte sich deshalb auch vergewissern, ob die andere Partei überhaupt zum Zuhören bereit ist. Zu einer Konfliktlösung braucht es die Bereitschaft beider Parteien.

Da ich viel auf Reisen bin, kommuniziere ich mit guten Freunden immer wieder für längere Zeit nur per Telefon oder E-Mail. Wenn es irgend möglich ist, äußere ich Ärger aber lieber im direkten persönlichen Kontakt. Als ich mich kürzlich wiederholt über eine Freundin ärgerte, habe ich mich mit ihr in einer für uns beide wohltuenden Umgebung verabredet. Dort haben wir lange und offen über meinen Ärger gesprochen. Danach wirkte unser Kontakt leichter und erfrischt, die Beziehung hatte gewonnen.

In den buddhistischen Lehren heißt es, dass es im Grunde kein reines Feuer gibt, dass man nur Holzfeuer, Baumwollfeuer, Papierfeuer voneinander unterscheiden kann und ähnlich mit seinem Ärger verfahren sollte. Es gibt hilfreichen Ärger, verächtlichen Ärger, bitteren Ärger, stillen Ärger und aggressiven Ärger. Wenn wir die Art unseres Ärgers zu unterscheiden lernen und wissen, wie wir mit welchem Ärger am besten umgehen, finden wir auch heraus, wie unterschiedliche Menschen auf ärgerliche

Äußerungen reagieren. Manchmal ist es besser, sich erst zu beruhigen, manchmal ist es sinnvoll, sogleich die Stimme zu erheben.

Mit Aversion erfüllte Geisteszustände brauchen unsere ganze Aufmerksamkeit und sollten mit liebevoller Weisheit sehr differenziert betrachtet werden. Je mehr körperliche Erregung unsere Gedanken begleitet, desto schwieriger wird es, die Reaktionen zu zügeln. Es empfiehlt sich abzuwarten, bis man nicht mehr sprudelnd kocht. Zeit und Ruhe sind ein gutes Gegengewicht. Aversion zeigt sich aber nicht nur hitzig, sondern auch als spröde Unwilligkeit, als Zynismus und Selbstgerechtigkeit. Hass schmerzt, verdrängter Ärger stinkt. Lösungen im Umgang mit schwierigen Gefühlen sind nicht unbedingt einfach zu finden. Jeder Mensch, jede Situation will ganz neu verstanden werden. Wer Aversion in sich spürt, muss zuerst einmal Verständnis gewinnen für die Ursachen und sollte sich nicht gleich mit oberflächlichen Antworten zufrieden geben. Wer zu schnell mit Metta-Sätzen ärgerliche Empfindungen zukleistert, wird ihnen unerwartet und unberechenbar in anderem Zusammenhang begegnen.

Ein Freund erzählte mir, dass er beim Spazierengehen in einiger Entfernung einen Hund aufgeregt bellen gehört habe. Es klang bedrohlich. Um seine Angst zu beruhigen, sendete er dem Hund sein wohlwollendes Metta und ging in aller Ruhe auf ihn zu. Vor dem Gartenzaun angekommen, biss ihn der Hund ins Bein. Ohne kluges Handeln wirken die besten Wünsche nicht!

In buddhistischen Kreisen kann man leicht den Eindruck gewinnen, dass es unpopulär ist, sich kritisch oder ärgerlich zu äußern. Friedfertige Gemüter, die sich in Meditation üben, versuchen häufig, Konflikte zu vermeiden. Sie fürchten, die Harmonie zu verderben. Ärgerliche Gedanken und Reaktivität gelten ihnen als Zeichen dafür, dass man sich zu sehr identifiziert, deshalb werden rebellische Geisteszustände gerne zurückgehalten und verdrängt. Die toxische Wirkung von gelagertem Ärger äußert sich dann oftmals in Verachtung, Abwertung und Nörgelei, in Gefühlen, die meist schwerer loszulassen sind als ein paar direkte ärgerliche Worte.

Mich hat es gefreut, in einer indischen Tageszeitung die Überschrift zu lesen: »Dalai Lama throws a fit« (»Der Dalai Lama hat einen Wutanfall«). Der Dalai Lama war Anfang der neunziger Jahre gerade im Ausland unterwegs, als ein hoher chinesischer Politiker Neu-Delhi besuchte. Die indische Regierung hatte keine Lust auf eine Auseinandersetzung mit den tibetischen Freiheitskämpfern und verhaftete kurzerhand die Repräsentanten des tibetischen Volkes, die zu jenem Zeitpunkt in Neu-Delhi anwesend waren, darunter einige enge Mitarbeiter des Dalai Lama. Erst bei seiner Rückkehr erfuhr der Dalai Lama auf dem Flughafen in Neu-Delhi davon und bekam spontan einen enormen Wutanfall.

Nicht alle heftigen Gefühle sind von vornherein unheilsam und damit »Feinde« von Metta. Es gibt durchaus einen lebendigen Zorn, eine heilige Wut, die aus Mitgefühl und Einsicht erwachsen und angemessen ausgedrückt werden können. Das Motiv für den Zorn und die Bewusstheit im Umgang damit sind entscheidend.

Wenn wir Metta üben, erinnern wir uns im Alltag immer wieder daran, uns zu fragen: Wie kann ich durch mein Handeln meine Liebe zum Ausdruck bringen? Kann ich von meinem Herzen aus Kontakt herstellen zum Herzen desjenigen, der ärgerlich oder hasserfüllt erscheint? Kann ich verstehen, dass dieser Mensch leidet und keinen anderen Ausweg findet als Aggression? Mich selbst schützend versuche ich, trotzdem offen zu bleiben und besänftigende Akzeptanz zu senden. Die Worte dafür können ganz im Stillen in der jeweiligen Situation entstehen oder auch die bekannten Metta-Sätze sein. Jemand drängelt in der Schlange an der Kasse, wir könnten etwas Giftiges zischen, wir können aber auch still für uns sagen: »Mögest du glücklich sein.« Wir wissen ja überhaupt nicht, weshalb sich jemand gerade in diesem Moment so achtlos und nachlässig verhält.

In einem amerikanischen Supermarkt hat es ein Yuppie besonders eilig. Er stellt sich in der Schlange »seven items only« an, wo es auch zügig vorangeht, bis vor ihm eine ältere Frau mit Baby dran ist, die nur eine Sache bezahlt, aber ein Gespräch mit der Kassiererin beginnt. Und nicht nur das: Sie gibt der jungen Frau auch noch das Baby, die knuddelt und drückt es; der junge Mann ist kurz davor, aus der Haut zu fahren, kann sich gerade noch bremsen. Während die Kassiererin wenig später seine Waren in der braunen Papiertüte verstaut, bedankt sie sich bei ihm für seine Geduld und erzählt ihm, dass ihr Mann vor einigen Monaten bei einem Flugzeugabsturz ums Leben kam und sie jetzt hier arbeiten muss, um sich und ihr Kind zu versorgen. Der Mann spürt, wie sein Unmut schmilzt, wie froh er ist, dass er nicht geschimpft hat. Als er hört, dass die Großmutter tagsüber das Baby nimmt und einmal am Tag mit dem Kind vorbeikommt, damit die Mutter es kurz in den Arm nehmen kann, ist er nur noch erleichtert, dass er nicht ausfallend geworden ist.

Die kleinen Handlungen des Alltags sind Basis und Ausdruck unserer Liebe, unserer Bereitschaft uns zu kümmern. Wenn wir im Annehmen verweilen, gelingt es auch, das Leiden anderer mehr und mehr zu verstehen und Mitgefühl zu empfinden.

Bei der Beerdigung eines großen Sufi-Meisters wurde ein Schüler gefragt, was denn für den Meister das Wichtigste war. »Immer das, was er im jeweiligen Moment tat«, lautete die Antwort. In jedes Tun die beste Absicht zu geben, jedem Wesen mit Warmherzigkeit und Wohlwollen zu begegnen, das ist die praktische Übung der Metta-Meditation.

Metta zu üben ist ein Prozess, sich für das Fühlen zu öffnen, tief empfindungsfähig zu werden und im Prozess der Herzöffnung Sicherheit und inneres Gleichgewicht zu finden.

Es geht immer darum, von Herz zu Herz Kontakt herzustellen, zu spüren, dass alle Herzen gleich schlagen und dankbar für Verbindung sind. Aus dem Bemühen, die eigenen Vorurteile und Abwertungen zu überwinden, wächst uns Kraft zu. Je kontinuierlicher unsere Aufmerksamkeit ist, desto tiefer verwurzelt sich diese Kraft in uns. Sie hat kein Ende, sie kann sich zeitlebens verfeinern und vervielfältigen. Wenn man die Liebe als Kunst versteht, ist sie auch erlernbar und führt zur Meisterschaft.

Lassen Sie sich überraschen von den Metta-Gedanken und ihren Wirkungen – im vollen Praxiswarteraum, im Krankenhaus, im Zugabteil, beim Warten auf die Bedienung im Restaurant, wenn Sie sich übersehen, nachlässig oder unhöflich behandelt fühlen, wenn unfreundliche Menschen kurz angebunden mit Ihnen sind. Statt den unwirschen Kellner oder die überlastete Krankenschwester anzufauchen, wünschen wir ihnen, dass sie unbeschwert und vergnügt durch ihren Alltag gehen möchten.

Wenn der Ehemann wieder zu spät zum Essen kommt, nicht anruft und nicht erreichbar ist, wenn die Kinder, die schon längst zu Hause sein sollten, auch nichts von sich hören lassen, wenn Sie auf den Anruf der Freundin warten, auf Post, auf ein Zeichen, eine Nachricht – statt sich zu Grämen und sich in Sorge und Ängste hineinzusteigern, statt Wut und Ärger anzuheizen, statt in Gedanken Strafen und Verbote und Nie wieder! auszurufen – senden Sie einfach abwechselnd zu sich selbst und zum anderen hin: »Mögest du glücklich sein« und alle weiteren Sätze.

All die unzähligen Situationen im Straßenverkehr, in denen unfreundliche Gesten und Worte an der Tagesordnung sind, werden durch Metta entschärft. Statt uns innerlich mit Fluchen und Verwünschungen zu vergiften, rufen wir dem Übeltäter lieber ein fröhlich-freches »Mögest du glücklich sein, mögest du deinen eigenen Fahrstil gesund überleben« hinterher.

Wenn wir uns fürchten, vor einem Menschen, einem Tier, vor einer schwierigen Aufgabe, einer Prüfung, einer Begegnung mit einem schwierigen Menschen, hilft es, die Metta-Sätze zu sprechen, weil sie uns aktiv sein lassen, man hat keine Gelegenheit, in die Opferrolle zu schlüpfen, wenn man dem anderen seine guten Wünsche schickt. Innerlich einen Schritt zurückzutreten und zu dem anderen hin die Metta-Sätze zu sprechen, entspannt die Situation. Im Konfliktfall ergibt das einen Moment des Innehaltens, der Zentrierung und Beruhigung. Metta schafft Raum. Metta entzerrt. Metta lädt das Unerwartete ein.

ÜBUNG

10. Aufgabe

Jetzt ist die schwierige Person an der Reihe. Überlegen Sie erst einmal, wer sich als schwierige Person in Ihrem Leben zeigt. Unterscheiden Sie dabei sehr genau, wer in die leichtere und in die wirklich schwierige Kategorie fällt und beginnen Sie mit der Person, die leicht schwierig ist. Nicht die schwersten Gewichte am Anfang stemmen! Wie geht es Ihnen, wenn Sie diese Person herbeirufen? Müssen Sie vielleicht einen größeren Sitzabstand wählen? Brauchen Sie noch andere Schutzvorrichtungen? Versuchen Sie eine Situation zu schaffen, in der Sie entspannt mit offenem Herzen und wahrhaftig die guten Wünsche zu der schwierigen Person senden können. Bleiben Sie eine Woche bei dieser Person. Danach können Sie entweder eine noch schwierigere Person wählen oder zur nächsten Aufgabe fortschreiten.

11. Aufgabe

Um den Metta-Zyklus abzuschließen, senden Sie jetzt alle vier Metta-Sätze zu allen Lebewesen, die sich östlich, südlich, westlich und nördlich von Ihnen aufhalten. Im Uhrzeigersinn fortlaufend:

Mögen alle Wesen im Osten glücklich sein,
Mögen alle Wesen im Osten in Sicherheit leben,
Mögen alle Wesen im Osten gesund sein,
Mögen alle Wesen im Osten unbeschwert leben.

Mögen alle Wesen im Süden glücklich sein,
Mögen alle Wesen im Süden in Sicherheit leben,
Mögen alle Wesen im Süden gesund sein,
Mögen alle Wesen im Süden unbeschwert leben.

Danach gleiche Satzfolgen in Bezug auf Westen und Norden. Richten Sie Ihre Energie in der jeweiligen Himmelsrichtung deutlich aus.

Im Alltag finden Sie leicht Personengruppen, denen Sie Metta zukommen lassen können: Alle, die mit mir in der Schlange am Fahrkartenschalter, in der Post, an der Kasse im Supermarkt stehen. Alle Menschen vor mir und hinter mir, zu beiden Seiten von mir im Kino. Alle, die ich beurteile, alle, die ich nicht einmal wahrnehme, alle, die mit mir im Abteil sitzen, alle, mit denen ich zusammen arbeite, alle, die für mich arbeiten – mögen sie alle glücklich sein, mögen sie in Sicherheit und Geborgenheit leben, mögen sie gesund sein und unbeschwert durch ihren Alltag gehen. Sprechen Sie alle vier Sätze hintereinander zu einzelnen Menschen oder zu Menschengruppen – Ihrer Phantasie sind keine Grenzen gesetzt.

Mitgefühl

Mitgefühl erwächst aus der offenherzigen Begegnung mit dem Leiden in uns selbst und in anderen und dem Wunsch, das Leiden zu lindern.

Viele tausend Jahre vor unserer Zeit kam der Buddha als ein kleiner freundlicher Papagei auf die Welt. Er lebte im Tropenwald und grüßte alle Tiere, die er dort traf, wie seine besten Freunde.

Der Buddha war ein glücklicher Vogel, glücklich darüber, dass er am Leben war, jeden Tag satt wurde und überall hinfliegen konnte. Eines Tages kam ohne jede Vorwarnung ein fürchterlicher Gewittersturm. Blitz und Donner entluden sich über dem Wald und ein alter Baum fing Feuer. Der Wind trug die Funken weiter und bald begann es im ganzen Wald zu qualmen und zu brennen. Die Tiere suchten verzweifelt nach Entkommen und wussten gar nicht, in welche Richtung sie fliehen sollten, weil sie nichts sehen konnten im dunklen Rauch.

Der kleine Papagei erkannte die verzweifelte Situation seiner Freunde. Um sie zu retten, flog er hoch oben über den Baumwipfeln und rief: »Lauft zum Fluss! Der Wald brennt!«

Doch viele Tiere blieben eingekreist von Rauch und Feuer. Der kleine Papagei wollte ihnen helfen und hatte plötzlich eine Idee. Er sauste zum Fluss, tauchte unter Wasser, flog zurück in den Wald und schüttelte über den wild lodernden Flammen sein Gefieder, so dass ein paar Tropfen aus seinem Federkleid in die Flammen fielen. Das tat er nun immer wieder, flog hin und her, wie besessen, um den Tieren im Wald zu helfen. Die Lungen taten ihm weh, seine Augen waren vom Qualm schon bös gereizt und manchmal wurde ihm schwindelig vor Erschöpfung – doch er dachte bei sich: Was kann ein Vogel anderes tun als fliegen, so lange noch eine Chance besteht, ein einziges Leben zu retten.

In den himmlischen Wohnstätten räkelten sich zur selben Zeit die Götter in ihren Seidengewändern und ließen es sich in ihren Palästen gut gehen. Einer steckte sich gerade eine Praline in den Mund und trank dazu den besten Cappuccino, während er den kleinen Papagei bei seinen verzweifelten Rettungsversuchen beobachtete. Die Götter lachten über den kleinen bunten Vogel: Guckt euch den verrückten Kerl an, ist es nicht absurd, wie er sich anstrengt, um mit ein paar Tropfen Wasser einen Waldbrand zu löschen?

Schließlich konnte der Pralinenesser nicht länger zuschauen. Er war so gerührt über den Kleinen, dass er die Gestalt eines goldenen Adlers annahm und zu dem kleinen Papagei hinflog.

Der goldene Adler rief: »Lass das doch bleiben, kleiner Papagei, deine Aufgabe ist hoffnungslos, du gefährdest dich nur selbst dabei. Sieh, ein paar Wassertropfen von deinen Flügeln können hier gar nichts ausrichten.«

Aber der kleine Papagei ließ sich nicht irritieren und setzte seine Arbeit fort.

Der Adler kreiste über ihm und rief noch einmal: »Hör auf! Hör endlich auf! Du machst dich doch nur zum Trottel! Die Götter lachen schon über dich.«

Der kleine Papagei dachte bei sich: Der hat mir gerade noch gefehlt mit seinen überflüssigen Ratschlägen! Hustend rief er zum Adler hin: »Meine Mutter hat schon vor Jahren aufgegeben, mir Ratschläge zu erteilen. Deine Hilfe könnte ich brauchen, nicht deine schlauen Sprüche.«

Der goldene Adler geriet ins Nachdenken. Er sah, dass sich der Papagei nicht beirren ließ, er wusste, wie die Götter in den himmlischen Gefilden saßen und sich amüsierten, so als sei das

Leben ein Spiel, als würden nicht in diesem Moment viele Wesen von Angst und Terror gejagt dem Tod ins Auge blicken und unter schrecklichen Schmerzen sterben.

Auf einmal wollte der Adler auch nur wie der kleine Papagei hilfreich sein. Bei dem Gedanken daran, überwältigt von seinen eigenen Gefühlen, begann der Adler zu weinen. Ströme und Ströme von Tränen ergossen sich aus seinen großen goldenen Augen und schwappten nieder auf den Wald, durchnässten die Tiere und auch den kleinen Papagei. Je mehr der Adler vor Rührung weinte, desto schneller erstarben die Flammen.

Der Papagei war begeistert und flog hoch zum Adler und rief: »Sieh an, sieh an! Mein großer Bruder zeigt sich von seiner besten Seite!«

Bald glitzerten überall die Tränentropfen des göttlichen Adlers, das Feuer war gelöscht, das erste Gras begann schon wieder zu sprießen und die Tiere konnten ihren Durst löschen und erleichtert aufatmen.

Voller Staunen fragten sie sich, wie diese wundersame Rettung plötzlich möglich war. Sie erzählten sich gegenseitig von den Anstrengungen des kleinen Papageis und von seinem Wortwechsel mit dem König der Lüfte. Voller Dankbarkeit für sein Durchhaltevermögen riefen sie: »Bravo, kleiner Papagei, bravo! Du hast uns ein Wunder beschert! Du hast unser Leben gerettet.«

Wenn ein anderes Wesen leidet, wird unser Herz spontan von Mitgefühl ergriffen. Das ist eine ganz natürliche Reaktion, die sogar kluge Tiere zeigen:

In Indien wurde in den vierziger Jahren ein besonders sanftmütiger Elefantenbulle durch seine guten Taten und seine bemerkenswerte Intelligenz bekannt. Bis zu seinem Lebensende fügte er keinem lebenden Wesen je ein Leid zu. N. G. Pillai erzählt, dass der Elefant sich einmal weigerte, bei den Vorbereitungen zu einem großen Fest einen Pfahl in ein Fundamentloch zu versenken. Obwohl er immer ein äußerst williger Arbeitselefant war, hielt er in diesem Fall den Pfahl mit Rüssel und Stoßzähnen fest und regte sich, zum Erstaunen seinen Wärters, nicht von der Stelle. Daraufhin schaute man in das Fundamentloch und fand tief auf dem Boden zusammengerollt einen schlafenden Hund. Kaum hatte man den Hund verjagt, setzte der Dickhäuter seine Arbeit fort.

Meister Eckhart sagt, wir könnten Gott als Güte oder Liebe bezeichnen, vor allem jedoch sei er Mitgefühl. Jedes leidende Wesen braucht unsere Unterstützung und unser Verständnis. In der Tradition des Buddhismus ist Mitgefühl eine grundlegende Daseinskraft, die wir ein Leben lang üben und stärken sollten. Mitgefühl weckt und öffnet tiefe seelische Energie, Mitgefühl gibt Kraft und wirkt schützend und klärend. »Mit Gefühl« zu leben heißt, sich auf Nähe einzulassen, in Beziehung zu treten. Weil wir alle auf die gleiche Weise den Schmerz und das Alleingelassensein fürchten, wirkt unser Mitgefühl verbindend.

Welche dramatischen Formen die Sehnsucht nach Verbundenheit annehmen kann, geht aus dem folgenden Bericht hervor, der uns zeigt, dass Leidende, selbst wenn alles verloren scheint und der Tod vor Augen steht, den Kontakt zu einem anderen Lebewesen spüren möchten.

»Während der Horrorszenarien, die die Bolschewistische Revolution in Russland begleiteten, wurden Tausende von Menschen wahllos verhaftet und zusammengetrieben. Dann mussten sie sich entkleiden und wurden nackt, einer nach dem anderen, in den Hinterkopf geschossen. Ein Augenzeugenbericht benennt die Tiefe ebenso wie die Eindringlichkeit unseres Bedürfnisses nach Verbindung: ›Die meisten der Opfer wünschten, sich wenigstens von einem Menschen zu verabschieden; und da niemand anders in der Nähe war, umarmten und küssten sie ihre Mörder.‹«[14]

Mitgefühl ist keine meditative Disziplin, mit der man sich ins Innerste zurückzieht, sondern vor allem eine Handlungslehre. Wenn wir hören, dass Menschen Hunger leiden, während die EU Lebensmittel vernichtet, rebelliert unser Gerechtigkeitssinn. Wenn wir erfahren, dass Kinder in Afrika qualvoll an Aids sterben, weil Medikamente aus finanziellen Gründen nicht zur Verfügung stehen, fragen wir uns: Müssen wir das zulassen? Welchen Beitrag können wir leisten, um das zu verhindern? In unserer Verbundenheit sterben wir immer ein Stückchen selbst mit, und vielleicht entscheiden wir uns, tätig zu werden, uns mit anderen zusammenzutun und zu handeln.

Es gibt so unendlich viel Leid in der Welt: Hunger, Krieg, Armut, Gewalt, nicht gesehen und nicht akzeptiert werden, keine Arbeit haben, sich einsam fühlen, durch den Tod von geliebten Menschen getrennt werden, verlassen, betrogen und hintergangen werden, sich ausgeschlossen fühlen, übervorteilt werden, sich nicht verstanden fühlen, schlimme Erinnerungen oder böse Nachbarn haben, körperlich behindert sein, die gewohnten Kräfte nicht zur Verfügung haben, krank sein, an Alkoholsucht, Esssucht, Nikotinsucht leiden, sich hässlich fühlen im Vergleich zu anderen, sich nicht klug genug fühlen, keine Kinder bekommen können, schwere Probleme mit den eigenen Kindern, Eltern oder Verwandten haben, nicht im gewünschten Beruf arbeiten können, mit unliebsamen Kollegen auskommen müssen, knapp bei Kasse sein, sich vor Krebs fürchten, Angst haben vor gewaltsamen Angriffen, an den Folgen der eigenen Aggressivität leiden, sich selbst verurteilen. Die Liste könnte seitenlang fortgesetzt werden.

Keine Frage: Alle Menschen durchleben Leid. Mitgefühl erwächst aus der offenherzigen Begegnung mit dem Leiden in uns selbst und in anderen und dem Wunsch, das Leiden zu lindern. Es gibt kein Leben ohne *dukkha*, sagt der Buddha. *Dukkha* ist der Pali-Begriff für Leiden. Wörtlich übersetzt heißt *dukkha* »schwer oder schlecht laufend«, »sich schlecht drehend« in Bezug auf eine Radnabe. »Nicht hinreichend« wäre auch eine mögliche Übersetzung. Meist wird *dukkha* jedoch mit »Leiden« übersetzt, und daraus ergeben sich viele Missverständnisse. Der Buddha sagt zwar: Leben ist unausweichlich verbunden mit *dukkha*. Dies können wir aber nicht kurzschlüssig zusammenfassen als »Leben ist Leiden«. *Dukkha* umschreibt die Tatsache, dass weder Menschen noch Dinge jemals perfekt sind und unsere Erwartungen vollständig erfüllen können. Im umfassenden Sinn meint *dukkha* jede Art von geistigem und seelischem Unwohlsein. *Dukkha* ist eine existenzielle Ängstlichkeit, ein grundlegendes Unzufriedensein mit dem Leben. *Dukkha* drückt sich auch aus als Sorge, Zweifel, Traurigkeit, Enttäuschung, Depression, Verzweiflung und Widerstand gegen die gegenwärtige Erfahrung. *Dukkha* ist der Ausdruck allgegenwärtiger Unzufriedenheit, unseres Hungers nach Liebe, Kontakt, erfüllender Erfahrung, Gesehenwerden, unseres Verlangens nach Veränderung und unseres Widerstands gegen den Wandel.

Statt »Leben ist Leiden« sollten wir also besser sagen: Das Leben kann uns keine dauerhafte Erfüllung geben, weil es in ständigem Wandel begriffen ist. Wenn wir das erkennen, fällt es uns schon leichter, Mitgefühl zu entwickeln, denn wir können wissen, dass der Schmerz ein Ende haben wird, so wie alles einen Anfang und ein Ende hat. Wir können den Schmerz nicht kontrollieren, aber wir müssen uns auch nicht dafür tadeln und verurteilen. Schopenhauer hat *dukkha* kurz und treffend definiert: Leiden ist gehemmtes Wollen! Es ist eine Qualität des Verbissenseins, des Nicht-Loslassen-Könnens, die das Leiden bedingt, auch eine große Unwissenheit. Wer sich gegen den Strom des Lebens stemmt, der leidet. Und wer tut das nicht? Mitgefühl braucht jeder von uns, denn wir sind tief miteinander verbunden in unserem Aufbegehren gegen die Vergänglichkeit. Jedes Leben bildet seine eigenen Abwehrmuster als Antwort auf Schmerz und Leid, gespeist durch das Nicht-Habenwollen. Verurteilung, Tadel, Anklage, Abwiegeln, Abstumpfen – so lang wie die Liste der Leidenserfahrungen ist auch die Liste der Abwehrvariationen. Das Herz nimmt sie alle an und liebt sie, wie sie sind, all diese Versuche, den Schmerz zu lindern, ihn zu vermeiden und zu verarbeiten.

Dukkha meint, dass das Leben nicht nach unseren Vorstellungen abläuft und sich auch nicht kontrollieren lässt. Und daraus, so der Buddha, ergeben sich unsere zentralen Lebensprobleme – unser Kontrollierenwollen verhindert, dass wir im friedlichen Einklang mit der Welt mitschwingen, immer wollen wir etwas anderes als das, was gerade jetzt stattfindet. Sobald uns durch ein Sinnesorgan ein angenehmes Objekt in Form einer angenehmen Empfindung zugeführt wird, entsteht Begehren, sobald eine unangenehme Empfindung ausgelöst wird, entsteht Abscheu. Das nennt der Buddha »Durst nach Veränderung«. Solange uns dieser Durst antreibt, können wir keinen Frieden finden. Erst wenn er vollständig gelöscht ist, findet der Mensch Ruhe. *Nirvana*, das Auslöschen des Durstes, ist das Ziel der geistigen Übungen. Im buddhistischen Sinn bedeutet Freiheit, »Freiheit vom Wollen«. Nirvana ist dementsprechend der Ausdruck höchster Freiheit. Das Gegenteil davon, ständiges Wollen, ist die Ursache allen Leides. Mitgefühl beurteilt nicht dieses Wollen und versucht es auch nicht auszumerzen, Mitgefühl sieht das Menschliche im Leiden.

Der Buddha unterscheidet zwei Formen des Leidens, die in dem Kapitel »Schwierigkeiten im Meditationsprozess« genauer untersucht werden sollen. Da ist zum einen das Leiden im physischen Prozess: Geburt, Altern, Tod, Anfälligkeit für Krankheiten, Verletzungen, Hunger und Durst und zum anderen das Leiden im psychischen Prozess: Vielfältige innere Gefühlsreaktionen auf unangenehme Situationen – Sorgen, Ärger, Frustration, Furcht vor schmerzhaften Trennungen, von dem, was wir lieb haben, Not im Zusammensein mit Unliebsamem und das Unvermögen, zu bekommen, was wir wollen.

Mitgefühl zu praktizieren heißt zuerst einmal, dem Schmerz und dem Leid nicht auszuweichen. Mitgefühl kann sich erst entwickeln, wenn wir bereit sind, Leid und Ungerechtigkeit in ihrer alltäglichen Realität in uns selbst und in unserem Umfeld zu erkennen. Nicht die Augen verschließen, nicht verdrängen und klagen, sondern sich fragen: Wie kann diese Erfahrung zu meinem Erwachen beitragen? Wie kann ich an diesem Leiden wachsen, wie mit diesem Schmerz so umgehen, dass er für mich und meine Umwelt erhellende Wirkung hat? Das ist eine große Herausforderung für jeden von uns, denn die gewöhnliche Reaktion auf Verletzung ist Ärger und Anschuldigung. Wir stellen uns selbst infrage, wenn es uns nicht gelingt, in dauernder Harmonie zu leben, wir klagen die anderen an, dass sie es hätten wissen können. Am schwierigsten scheint es mir, Mitgefühl mit denjenigen zu haben, die offensichtlich in ihr eigenes Unglück rennen und dann noch dafür Verständnis brauchen.

Freunde von mir haben vor einiger Zeit mit phantastischem Siegesbewusstsein, großem Kraftaufwand und hohem finanziellen Risiko ein Geschäft eröffnet. Trotz meiner eigenen Unerfahrenheit im kaufmännischen Bereich nahm ich an, dass dieses Unternehmen auf sehr wackeligen Beinen steht. Ich habe meine laienhafte Ansicht jedoch verschwiegen und die beiden nach bestem Wissen unterstützt. Es hat nicht einmal sechs Monate gedauert, bis sie Konkurs anmelden mussten. Nun brauchen sie viel Mitgefühl für all das Leiden, das ein hoher Schuldenberg verursacht. Und es wird so deutlich, dass Mitgefühl nicht von Vernunft abhängig gemacht werden darf. Leiden ist nur zu oft die Folge von Gedankenlosigkeit und Dummheit. Aber genau da ist unser Mitgefühl sehr gefragt. Jedes Zeichen von mitfühlendem Verständnis wird schon balsamisch wirken.

Das Annehmen ist der erste Schritt zur Transformation der schwierigen Erfahrung. Mitgefühl fragt nicht nach Berechtigung für die Empfindung, Mitgefühl beurteilt nicht den Schmerz, Mitgefühl übt, das Leben in erster Linie unter dem Aspekt des Leidens und Beendens von Leiden zu sehen. Wie kann ich dazu beitragen, diesem Leiden ein Ende zu setzen? Wie können wir in dieser schwierigen Situation Frieden finden? Die Antworten auf diese Fragen kommen nicht aus einer aversiven Grundhaltung, sondern aus dem liebevollen Gewähren, aus dem wachen Umarmen der gegebenen Situation.

Im geschäftigen Alltag dagegen wenden wir uns häufig von dem Leid ab, das uns begegnet. Unsere Gesellschaft entwickelt viele Mechanismen der Ausgrenzung von Leid. Alte und Behinderte werden an den Rand gedrängt. Manche von uns haben schon als Kind systematisch gelernt, den eigenen Schmerz zu unterdrücken. Es hieß: »Ein Indianerherz kennt keinen Schmerz!«, »Sei still, hör auf zu weinen.«, »Wenn du heulst, fliegst du raus.« Als Erwachsene müssen wir dann mühsam üben, den Kontakt zu den eigenen Verletzungen und den damit verbundenen Selbstzweifeln und Unsicherheiten wieder herzustellen.

Die systematische Praxis von Mitgefühl, als Teil der Metta-Praxis, die am Ende dieses Kapitels in den Übungen vorgestellt wird, wird zeigen, wie wir uns schrittweise dem Schmerz in uns und anderen annähern. Die buddhistische Lehre vermittelt uns vielfältige Meditationstechniken, mit denen wir untersuchen können, welche Ursache das Leiden in uns hat und wie wir durch eigene Unwissenheit zur Verlängerung des Leidens beitragen. Dabei können wir eine erstaunliche Erfahrung machen: Je intensiver wir uns um Verständnis für das eigene Leid bemühen, desto mehr sind wir in der Lage, das Leiden anderer Wesen zu verstehen. Das Mitgefühl für andere basiert auf dem Mitgefühl für uns selbst. Mitgefühl entsteht niemals aus dem Sich-Abwenden. Nur wenn wir bereit sind, wahrhaftig unseren eigenen Schmerz anzunehmen, können wir die Verbindung zu anderen herstellen. Dann erkennen wir in unserer eigenen Verletzbarkeit die Empfindlichkeit allen Lebens.

Manchmal muss man auch aus Mitgefühl Härte zeigen und jemanden konfrontieren, weil dadurch größeres Leid verhindert werden kann. Einige Wunden müssen geöffnet werden, damit sie heilen können. Nie werde ich die Ärztin vergessen, die mir mit einem entschlossenen Schnitt bei vollem Bewusstsein einen Furunkel öffnete. Es hat extrem geschmerzt – und bald Erleichterung gebracht. Die Wahrheit zu benennen in Situationen, in denen alle sich fürchten, sich mutig für Benachteiligte einzusetzen und dabei handgreiflich zu werden – auch das kann ein Akt des Mitgefühls sein. Zivilcourage zeigen – das ist Mitgefühl in unserer Zeit.

Im Mitgefühl gibt es keine Unterscheidung zwischen Macht und Ohnmacht, zwischen Starken und Schwachen, es ist im tiefsten Sinne eine geschwisterliche Empfindung. Mitgefühl braucht Weisheit, Reife, waches Bewusstsein. Im Mitgefühl ist immer eine Bewegung zum anderen hin enthalten, und dessen Schmerz wird auch im eigenen Selbst empfunden. Der Schmerz des anderen wird also nicht nur verstanden, er wird tatsächlich miterlebt. Doch schon das Verstehen ist wichtig. Mitgefühl hat sowohl diesen Aspekt der rationalen Klarheit wie den Aspekt der emotionalen Resonanz.

Mitgefühl ist – da es ein Aspekt der Liebe ist – ebenso grenzenlos und vorbehaltlos wie Liebe. Mitgefühl ist aktiv, Handlung und Empfindung zugleich. Die mitfühlende Handlung wächst in ganz natürlicher Weise aus der Empfindung und will nicht kontrollieren oder loswerden. Heilendes Mitgefühl kommt aus dem offenen Raum, aus Akzeptanz und Präsenz.

Vor einigen Jahren erschien in den Vereinigten Staaten ein kleines Buch mit dem schwer übersetzbaren Titel *Random Acts of Kindness* (»Zufällige freundliche Handlungen«). Darin haben viele Menschen beschrieben, wie sie völlig unerwartet, aus heiterem Himmel und oft ganz anonym von anderen Menschen Freundlichkeit erfahren haben. Wir sind inzwischen so sehr an die täglichen Schreckensmeldungen in den Medien gewöhnt: Überfälle, Unfälle, Bosheiten aller Art werden ausführlich beschrieben. Umso erstaunlicher wirkt es, wenn man hört, wie viel Gutes Menschen einander tun können. Die geschilderten Erfahrungen sind ein bunter Strauß von gelebtem Mitgefühl. Sie lassen unser Herz aufgehen und Hoffnung keimen. Es geht dabei gar nicht um sensationelle Taten, sondern um alltägliche Anstöße, über sich selbst hinauszuwachsen und etwas vielleicht ungewöhnliches zu tun: zum Beispiel jemand anderem den Parkplatz zu überlassen, den man gerade ergattert hat, die Kassiererin im Supermarkt zu beschenken, sich für eine Nachlässigkeit zu entschuldigen, einen Dankesbrief zu schreiben, jeden Tag eine Blume zu verschenken, im Kino eine Pralinenschachtel durch die Reihen zu geben, kurz: sich Gedanken zu machen, wie kann ich meine Mitmenschen heute erfreuen, wodurch kann ich meine Verbundenheit zum Ausdruck bringen. Ein Beispiel aus *Random Acts of Kindness*:

»Kann sich jemand vorstellen, dass ein Anrufbeantworter mein Leben verändert hat? Ich hatte mich gerade von einer langen, sehr schwierigen Beziehung getrennt, war in eine neue

Stadt gezogen, wo ich noch niemanden kannte und hatte dort nichts anderes zu tun, als mit lustloser Arbeit meinen Lebensunterhalt zu verdienen.

Ich hatte mir einen Anrufbeantworter gekauft – keine Ahnung warum, denn niemand rief mich an. Als ich eines abends von der Arbeit kam, flackerte das rote Licht des Anrufbeantworters. Ich konnte es nicht fassen– ein Anruf.

Als ich das Band abspielte, hörte ich, wie sich ein Mann mit wundervoller Stimme entschuldigte, weil er die falsche Nummer gewählt hatte. Ich brach in Tränen aus. Aber er hörte nicht auf zu sprechen. Er sagte, dass meine Stimme so traurig klingen würde und er mir gerne vermitteln würde, dass es wichtig ist, sich die eigene Traurigkeit zuzugestehen, und dass es besser ist, durch den Schmerz hindurchzugehen, statt davor wegzulaufen. Er sprach und sprach, zwanzig Minuten lang, tröstete, meinte, wenn alles ganz düster aussieht, kann es nur noch besser werden.

Er nannte nicht einmal seinen Namen, aber seine Nachricht markiert für mich den Anfang eines neuen Lebens.«

Durch unser Mitgefühl bleiben wir in Verbindung mit dem Leid in uns selbst und anderen, auch wenn wir selbst gerade nicht leiden. Bewusst jeden Tag Mitgefühl zu üben, kann viel Freude in uns wecken. Wir werden uns nicht mehr so getrennt fühlen, wenn wir Ausschau halten, wem wir Gutes tun können. Mitgefühl vereint Gebende und Empfangende, denn beide Seiten sind auf Mitgefühl angewiesen. Ohne Mitgefühl kann keiner leben.

ÜBUNG

Da es für die meisten Menschen einfacher ist, Kontakt zum Leiden anderer herzustellen als zum eigenen Leiden, beginnt die formelle Karuna-Praxis mit der Hinwendung zum Leiden eines Menschen aus unserem Umfeld. Wir wählen eine uns vertraute oder zumindest bekannte Person aus, der es offensichtlich schlecht geht, die psychisch oder körperlich leidet. Wählen Sie jedoch keinen allzu nahen Menschen, sonst wird es emotional zu mitreißend. Wählen Sie auch niemanden, gegen den Sie eine starke Abneigung hegen, weil da das Erwecken von aufrichtigem Mitleid schwer fallen würde. Wir stellen uns diese Person innerlich vor und spüren, dass ihr Leiden uns bewegt, und sagen zu ihr: »Dein Schmerz erreicht mich« oder »Mögest du frei sein von Kummer und Schmerz« oder »Mögest du deinem Schmerz gewachsen sein« oder »Mögest du Trost finden in deinem Leid.« Oder wir sagen: »Mich berührt dein Schmerz.« Dabei suchen wir die Empfindung, die uns mitfühlen lässt, und benutzen die Worte nur als Transportmittel für diese Empfindung.

Wählen Sie nach einigen Meditationssitzungen einen Satz aus. Sie können natürlich die Formulierung Ihren Gewohnheiten anpassen, sollten aber den Satz kurz und klar behalten. Dann sprechen Sie eine Woche nur diesen Satz zu der leidenden Person hin. Lassen Sie genügend Pausen zwischen dem Satz, damit Sie spüren können, was passiert. Die Sätze sollten so gesprochen werden, als würde man tatsächlich mit der jeweiligen Person reden.

In den folgenden Wochen richtet sich der Satz des Mitgefühls jeweils

eine Woche an das eigene Selbst
eine Woche an den Mentor, die Mentorin
eine Woche an die neutrale Person
eine Woche an die schwierige Person
eine Woche an alle Lebewesen in den vier Himmelsrichtungen

Neben der Hinwendung zu den hier genannten Personen und Gruppen in der formellen Übungszeit können Sie natürlich den ganzen Tag lang wunderbar mit allen Menschen, die Ihnen begegnen, Mitgefühl üben. Sagen Sie zu der gebrechlichen Frau Ihren Satz, zu dem sprachlosen Opfer in der Talkshow, zu dem Hund, der viel zu kurz angeleint vor dem Supermarkt jault, und zu dem Politiker, der keine Anerkennung findet. Je mehr sie üben, desto mehr Lebewesen werden Ihnen begegnen, die als Empfänger für Ihren mitfühlenden Satz infrage kommen.

In unserem Alltag wird es unzählige Situationen geben, in denen wir Leid begegnen und froh sind, den mitfühlenden Satz innerlich sprechen zu können. Ob im Warteraum beim Arzt, im Krankenzimmer, in öffentlichen Verkehrsmitteln oder am Arbeitsplatz. Überall, wo uns Leidende begegnen, überall, wo Menschen aus Unwissenheit sich selbst Unglück zufügen, da können wir warmherzig, verständnisvoll, mitfühlend sein.

Im Meditationskurs schließe ich die geführte Mitgefühlsmeditation mit folgenden Worten ab:

Mögen alle Wesen frei sein von Leid und den Ursachen von Leid.
Mögen alle Wesen geschützt sein vor Grausamkeit.

Mögen alle fühlenden Wesen schmerzfrei leben und unterscheiden lernen zwischen vermeidbarem und unvermeidbarem Leiden.
Mögen sie ihrem unvermeidbaren Schmerz gewachsen sein und Wege der Heilung finden.
Mögen sie erkennen, wie ihr eigenes Leid zum Erwachen genutzt werden kann.
Mögen alle bereit sein, sich über ihre Komfortzone hinaus zum anderen hin zu strecken.
Mögen sich alle gut aufgehoben fühlen, umsorgt und genährt, gesehen und verstanden, rundum geborgen im Mitgefühl.

Mitleid

Wenn wir jemanden bemitleiden oder bedauern, heben wir meist gleichzeitig den Unterschied zwischen uns und dem anderen hervor.

Vom Mitleid ist der Titel eines Buches, das die heilende Kraft des Mitleiden-Könnens preist.[15] In der Einleitung und den folgenden Aufsätzen werden die Begriffe Mitgefühl, Mitleid und Barmherzigkeit nahezu gleichbedeutend verwendet. Die Unterscheidung zwischen Mitgefühl und dem »nahen Feind« Mitleid, die aus der Praxis der Metta-Meditation erwächst, scheint erst in den letzten Jahren bekannt zu werden, denn auch das Buddhistische Wörterbuch von Nyanatiloka übersetzt Karuna noch mit »Mitleid« statt »Mitgefühl«.

Worauf gründet sich also die Unterscheidung von Mitleid und Mitgefühl? Ich habe bereits erwähnt, dass die nahen Feinde leicht verwechselt werden mit dem erstrebenswerten Geisteszustand der Brahma Viharas. Deswegen nenne ich sie auch »das Missverständnis«. Sie erscheinen uns so ähnlich, dass wir sehr genau hinschauen müssen, um zu unterscheiden zwischen Liebe und Anhaftung, Mitgefühl und Mitleid, Gelassenheit und Gleichgültigkeit, Mitfreude und Schmeichelei. Doch in all den vier Unermesslichen, wie die Brahma Viharas in den alten Schriften gern genannt werden, ist die Freiheit und Unvoreingenommenheit, das Ruhen in der Mitte der Empfindung, charakteristisch. Sie sind rein, unvermischt, nicht angereichert mit Habenwollen oder Nicht-Habenwollen.

Während im Mitgefühl die uneingeschränkte und akzeptierende Resonanz mit Schmerz und Leid stattfindet, ist im Mitleid eine Abwehrbewegung enthalten. Der Mitfühlende kann seinen eigenen Schmerz akzeptieren, der Mitleidige hat Angst vor seinem Schmerz und möchte ihn schnell aus der Welt schaffen. Der Mitleidige will den Schmerz des anderen ebenso wenig wie seinen eigenen sehen, wirft im Vorbeigehen eine Münze hin, ohne wirklich aufrichtigen Kontakt zum Herzen des Leidenden aufzunehmen. Im Mitleid ist eine trennende Abwehr verborgen, ein Sich-Erheben über den Leidenden, im Sinne von: »Oh weh, dich hat es getroffen, zum Glück nicht mich.« Im Mitleid finden wir Bewertung und Rührseligkeit. Wenn wir jemanden bemitleiden oder bedauern, heben wir meist gleichzeitig den Unterschied zwischen uns und dem anderen hervor.

»Mitleid impliziert Herablassung, und diese Herablassung wiederum impliziert Getrenntheit«, schreibt Matthew Fox in seinem Buch *Mitfühlen, Mitdenken, Mitfreuen* und fügt hinzu: »Der sicherste Weg zu unterscheiden, ob jemand mit einem Mitleid hat oder Mitgefühl empfindet, ist die Frage: Feierst du mit diesen Menschen?«[16] Fühlen wir uns in Freud und Leid wahrhaftig verbunden? Entspringt unser Mitgefühl einer Zusammengehörigkeit, die uns alle auf eine gemeinsame Basis stellt? Konkurrenz, Kontrollzwang, das Streben, sich gegen andere abzugrenzen, mehr Macht und Prestige zu haben und die eigenen Wünsche auf Kosten anderer zu befriedigen – all das schließt Mitgefühl aus. Mitgefühl wird durch Vergleichen und Abwägen behindert. Mitgefühl und Konkurrenz sind nicht vereinbar.

Die Unterscheidung zwischen Mitgefühl und Mitleid ist für Meditationsanfänger wahrscheinlich schwer nachvollziehbar. Man fragt sich doch, ob es überhaupt möglich ist, dem Schmerz ohne Abwehr zu begegnen. Ob wir nicht immer, unter allen Umständen, den Schmerz loswerden wollen. Wer wollte denn nicht gegen den Schmerz rebellieren? Sollen wir uns etwa im »Ertragen« von Schmerzen üben? Oder im Erkennen der Abwehr, die schon in dem Begriff »Ertragen« enthalten ist?

In dem Kapitel über »Schwierigkeiten in der Meditationspraxis« gehe ich auf die Frage nach dem meditativen Umgang mit Schmerz ausführlich ein. Hier sei nur so viel gesagt: Durch intensive Meditationspraxis wird es möglich, zwischen Schmerz, den wir akzeptierend annehmen und Schmerz, den wir reaktiv von vornherein ablehnen, zu unterscheiden. Beide Arten von Schmerz können behandelt und verwandelt oder geheilt werden, doch der Heilungsprozess sieht völlig verschieden aus.

Über die negativen Folgen von falsch verstandenem Mitleid berichtete ein bekannter Sportler im Fernsehen, der von dem leidvollen Krebstod seines zwölfjährigen Sohnes sprach: »Obwohl wir wussten, dass er nur noch wenige Monate Lebenszeit hatte, sagten wir ihm aus Mitleid nichts davon. Das bedauere ich seitdem zutiefst, denn wir konnten nicht Abschied voneinander nehmen. Ich glaube, er hat es geahnt, aber wir haben nicht gewagt, offen miteinander zu sprechen.« In dem Mitleid der Eltern war die Furcht vor dem eigenen Schmerz größer als die sinnvolle Erwägung, allen Familienmitgliedern ein aufrichtiges Gespräch zu ermöglichen.

Ob Mitgefühl oder Mitleid wirksam ist, erkennen wir nur in uns selbst. Als außenstehender Beobachter wird man diese beiden Haltungen häufig kaum unterscheiden können. Das Verhalten anderer Menschen ist deshalb nicht zu beurteilen.

Manche Mitleidende können den Schmerz gar nicht mehr loslassen, sie fühlen sich vom Leid überschwemmt und ausgebrannt. Wer anderen aus Mitleid hilft und sich hinterher verzweifelter fühlt als vorher, hat sich zu stark mit dem Leid identifiziert und ist dadurch auf unbewältigte Schmerzströme in sich selbst gestoßen. Mitleid in dieser Form wirkt wie eine ansteckende Krankheit. Man infiziert sich am Leid eines anderen, und es geht bergab mit einem selbst, vor allem, wenn man Mitgefühl auf Empfindungen begrenzt und vergisst, dass Mitgefühl nach Handlung schreit.

In solchen Situationen kann es helfen, sich selbst Mitgefühl zu senden, sich zu sagen: »Möge auch dieses Leid, dieser Schmerz zu meinem Erwachen beitragen.« Sich mit dem Schmerz von anderen zu verbinden, ist immer eine Gratwanderung. Der rührselige Mitleidige, der den anderen mehr liebt als sich selbst, vergisst, dass Mitgefühl sich in Metta gründet. Die Fähigkeit zur Selbst-Freundschaft ist Grundlage, um anderen tatkräftig zu helfen. Man kann und sollte sogar Grenzen setzen und sich sagen, jetzt muss ich eine Leidenspause einlegen und auch die anderen Seiten des Lebens hervorheben. Man kann zusätzliches Leiden sowohl in sich selbst durch zwanghaftes Fixieren von Leid als auch durch das Vermeiden von Leiden erschaffen. Echtes Mitgefühl dagegen wirkt heilsam und nährend, es löst Leiden auf.

Um in uns selbst Mitleid und Mitgefühl zu unterscheiden, erforschen wir unsere Haltung oder Einstellung zu dem Schmerz, den unser bemitleidenswertes Gegenüber erfährt. Wie frei fühlen wir uns in der Antwort auf diesen Schmerz, welche Urteile und Bewertungen verknüpfen wir mit dem Leid, das wir sehen? Denken wir: »Alkoholiker haben selbst Schuld.«? Urteilen wir: »Es wird schon gute Gründe haben, weshalb jemand obdachlos wird.«?

Das trennende Element aus dem Mitgefühl herauszufiltern und die Gemeinsamkeit mit dem Leidenden zu betonen und zum Ausdruck zu bringen, ohne uns selbst mit überhöhten Ansprüchen und Idealvorstellungen zu knebeln, das ist die alltägliche Übungsaufgabe. Denken Sie in winzigen Schritten, die Sie wiederholen können. Mitgefühl ist eine Frage der Qualität, nicht der Quantität. Setzen Sie kleine Zeichen – ein Lächeln, eine ausgestreckte Hand, eine Tafel Schokolade oder ein paar liebe Worte können für einen kostbaren Moment die Schranken zwischen uns und unseren Mitmenschen aufheben.

Grausamkeit

Das Gute und das Böse trennen wir in uns selbst,
deshalb erscheint es uns auch in der Welt getrennt.

Man könnte glauben, in der Metta-Meditation begegne uns nur die sanfte, wohltuende Seite des Daseins. Wir sprechen ständig von Herzenswärme, Mitgefühl und guten Absichten. Auf den ersten Blick sieht die Metta-Welt ganz rosig aus. Doch dieser Eindruck täuscht. Die reinigende Wirkung dieser Meditationsform zeigt sich ja durch das Aktivieren verdrängter Geistesinhalte. Wenn wir uns in der Meditation auf Mitgefühl konzentrieren, wenn wir zu dem leidenden Gegenüber sagen: »Mich kümmert dein Schmerz. Mögest du so bald wie möglich ohne Schmerzen sein.«, und wenn wir diese Haltung stets in uns suchen und aktivieren, sind wir ganz erstaunt, wenn wir Gedanken voller Verachtung und Grausamkeit aufkommen spüren. Wir sehen vielleicht Bilder im Geist, die gequälte Kreaturen zeigen, wir erinnern wiederholt grausame Filmsequenzen, die uns widerwärtig waren. Warum wird mein Geist überflutet mit Schreckensbildern?, fragen wir uns. Es ist nicht einfach, diese Bilder zu nehmen und stehen zu lassen, ohne sie wegdrängen zu wollen. Durch das Verstärken des Lichtes zeichnet sich der Schatten klarer ab. Durch die Betonung des Guten wird das Böse sichtbar. Es geht auf keinen Fall darum, so zu tun, als wären die schwierigen Seiten in uns nicht vorhanden. Im Gegenteil: Durch die Meditation finden wir eine Form, schrittweise die problematischen Anteile in unserem Dasein zu erfassen und zu integrieren.

Wenn wir Mitgefühl aktivieren wollen, werden wir unweigerlich auf die Seiten in uns stoßen, wo wir kühl an anderen vorbeigehen, ihre Grenzen missachten und ihnen Schmerzen zufügen. Wir werden psychische und physische Grausamkeiten erinnern, die wir selbst erfahren haben, als Täter und als Opfer. Diese Erinnerungen sind häufig gut geschützt. Man begegnet ihnen nicht gleich im Alltag, wenn man seine dreißigminütige Metta-Meditation übt. Um durch die vorgelagerten Gefühle von Angst und Furcht zu dringen, muss man schon eine gute Portion von Konzentration und Tiefe in der Meditation entwickelt haben und vor Angst und Furcht nicht mehr zurückweichen. Das braucht Zeit und Übung.

Der ferne Feind von Mitgefühl heißt Grausamkeit, Gewalttätigkeit, Hass. Mitgefühl und Gewalt können nicht gleichzeitig im Geist anwesend sein. Gewalt verkehrt den eigenen Schmerz, wehrt ihn ab, gibt ihn weiter, agiert ihn aus. Gewalttätig ist jemand, der das Schmerzempfinden in sich selbst abgetötet hat und eine perverse Freude daran empfindet, wenn andere leiden. Gewalttätiges Handeln kann sich auf der gedanklichen Ebene, auf der sprachlichen Ebene und im körperlichen Handeln ausdrücken.

Mir ist noch kein Mensch begegnet, in dem Grausamkeit und zerstörerische Aggressivität nicht vorhanden sind. Mir sind aber schon viele begegnet, die glauben, nur die anderen seien böse. Wir machen einen großen Schritt Richtung Frieden in der Welt, wenn wir die Projektion des Bösen beenden und die aggressiven Impulse in uns selbst spüren, ohne uns dafür zu verurteilen, ohne zu glauben, jetzt sind wir ein schlechter Mensch. Auch nach all meiner Meditationspraxis fällt es mir nicht leicht, meine miese Art nicht sofort abzustempeln und zu verdrängen, wenn sie sich spontan zeigt. Hinter dem Wunsch, ein mitfühlendes Leben zu führen, scheint sich auch eine rechthaberische Vorstellung zu verbergen, die sagt: So darfst du nicht sein. Solange wir uns selbst auf diese Weise sanktionieren, gehört der Kampf zu unserer Alltagserfahrung.

Für mich besteht die Kunst im Umgang mit Grausamkeit, Aggression und Zerstörungswut darin, einen angemessenen Platz zu finden, an dem sich diese Kräfte zeigen können, ohne dass sie ausagiert oder verurteilt werden. Meditation ist für mich ein Ort, an dem aggressive Phantasien in jeder Hinsicht Raum nehmen dürfen. Wir müssen üben, keine Angst zu haben vor den bösen inneren Fratzen, den Ungeheuern, die aus dem Dunklen auftauchen und die Stille erschüttern. Ja, unsere wüsten Phantasien erschrecken uns, aber es ist auch heilsam, sich mit ihnen vertraut zu machen und zu erleben, wie die schlimmsten, bösesten Handlungen aussehen, die wir uns vorstellen können. Dass wir so denken können, heißt noch lange nicht, dass wir so handeln werden, vorausgesetzt, dieses Denken ist eingebettet in die Metta-Praxis. Dass wir so denken können und uns darin erkennen, zeigt uns aber, wie dicht wir neben denen stehen, die wir so leicht und so drastisch verurteilen. Die Verbundenheit zum Mitmenschen erleben wir dann nicht nur über die mitfühlende Resonanz, sondern auch im Erleben der eigenen Schattenseiten. Weil der Buddha gesagt hat, dass Karma auch schon im Denken geprägt wird, entgegnen viele Meditationsschüler sofort, dass schon der Gedanke an das Böse verhindert werden müsse. So steht es auch in vielen Büchern.

Mir scheint aber die Gefahr viel größer, dass durch diese Idealvorstellung aggressives Verhalten noch tiefer verdrängt wird und an unerwarteter Stelle ausbricht. Viele fromme Menschen, die viele böse Gedanken unterdrückt haben, entgleisen auf ziemlich schreckliche Weise. Ich erlebe in der sektiererischen Abgrenzung, in der Verachtung gegen Andersdenkende, in dem zwanghaften Überzeugenwollen sehr deutlich eine aggressive Grundhaltung. Menschen, die wissen, was das einzig Richtige ist, schließen sehr viel aus. Woher kommt die Kraft, alles andere niederzuschmettern? Und wie wird diese Kraft eingesetzt?

Die Frage, die wir uns stellen müssen, ist also: Wie kann ich mit meinen aggressiven Impulsen so umgehen, dass die darin enthaltenen Kräfte sich nicht gegen mich selbst und andere richten. In Bezug auf Gruppen und Nationen stellt sich diese Frage ebenso. Wie finden wir Ventile, Ausdrucksformen zur Entlastung von den dunklen Mächten? Kann man lernen, seine Aggressivität zu zähmen?

Das Gute und das Böse trennen wir in uns selbst, deshalb erscheint es uns auch in der Welt getrennt. Erst wenn es uns gelingt, die Gegensätze in unserem Inneren zu vereinbaren, können wir auch im Äußeren sehen, dass jeder Mensch, jede Gruppe beide Seiten hat. Auf die Praxis des Mitgefühls übertragen heißt das: spüre so oft und so genau wie möglich deine grausamen Impulse. Dann erinnere dich an die Absicht, mitfühlend zu handeln. Lass beides, Grausamkeit und Mitgefühl nebeneinander stehen, und fälle eine bewusste Entscheidung zum Handeln. Die Fähigkeit, über unsere Impulse hinauszuwachsen und heilsam zu handeln, unterscheidet den Menschen vom Tier. »Eingedenk des Bösen, das man tun und das einem angetan werden kann, kann man immerhin versuchen, so zu handeln, als ob ein Gott oder unsere eigene Natur es gut mit uns gemeint hätten.« Mit diesen Worten schließt Rüdiger Safranski sein Buch über *Das Böse*[17] ab, und ich überlasse die Bühne nun dem Sufi-Helden Nasruddin, dem das Kunststück gelingt, ein kleines bisschen grausam und mitfühlend zugleich zu sein:

Nasruddin trifft einen Mann, der weinend am Wegrand steht.

»Was ist los, mein Lieber, warum weinst du?«

»Ich weine, weil ich so arm bin. Ich habe kein Geld und alles, was ich besitze, ist in dieser Tasche hier.«

Nasruddin entreißt dem Mann die Tasche und rennt schnell damit weg.

»Nun bin ich noch ärmer«, jammert der Mann laut und anklagend.

Er geht die Straße hinunter, in die Richtung, in die Nasruddin gelaufen ist, und findet nach einem Kilometer seine Tasche mitten auf der Straße stehen.

»Oh mein Gott, jetzt hab ich all meinen Besitz wieder!«, stammelt er voller Freude. »Danke! Danke! Dem Himmel sei Dank.«

»Komisch«, ruft Nasruddin, und kommt hinter einem Busch am Straßenrand hervorgekrochen, »dass dieselbe Tasche, die dich erst zum Weinen brachte, dich nun in solch große Freude versetzt.«

Mitfreude

Mudita ist Musik in den Ohren des Herzens. Mudita lässt das eigene Herz hüpfen, weil ein anderes tanzt.

»Mögen dein Glück und dein Wohlergehen wachsen und gedeihen und niemals enden.« Dieser Satz, mit dem wir Mitfreude, Mudita, üben, stellt für die meisten Menschen eine größere Herausforderung dar, als mit anderen Mitgefühl zu haben. Im Leiden fühlen wir uns mehr zu Hause. Leiden ist uns vertrauter als Glückseligkeit. Das zeigt sich auch schon im Sprachgebrauch. Die liebevolle Resonanz auf das Leid anderer Lebewesen wird als Mitgefühl, Mitleid, Barmherzigkeit, Erbarmen, Bedauern oder Anteilnahme bezeichnet. Positive Antwort auf glückliches Erleben heißt ziemlich trocken einfach nur Mitfreude, und selbst dieses Wort taucht in unserer Alltagssprache höchst selten auf. Max Scheler bezeichnet das Wort »Mitfreude« als »schwächliche Analogiebildung« zu Mitleid und stellt fest, dass Mitleid in der Ethik viel mehr benannt wird als Mitfreude, vielleicht weil die Mitfreude im Gegensatz zum Mitleid »keinen so unmittelbar praktischen Effekt hat«.[18] Echtes Mitgefühl drückt sich in praktischem Handeln aus, doch wie setzt man Mitfreude in Taten um?

Wenn es jemandem schlechter geht als uns, fühlen wir uns immer noch besser und können vielleicht auch Großmut zeigen und Hilfe anbieten. Doch wenn es umgekehrt ist, wenn jemand, der schon viel besitzt, noch mehr hinzugewinnt, wenn wir uns schwächer fühlen und jemand anders uns glücklicher zu sein scheint, dann ist Mitfreude eine wahre Herausforderung an unser Vertrauen, unsere Großzügigkeit und unseren Lebensmut. Deshalb gilt die Praxis von Mudita als schwierig. Es heißt, dass sie einen großen Einsatz an Willenskraft und Bemühen verlangt. Mitfreude gelingt eigentlich nur auf der Basis eines gesunden Selbstwertgefühls. Nicht zuletzt deshalb, und auch weil die Freude dem Leid vorzuziehen ist, schätzt Max Scheler die Mitfreude als wertvoller ein, denn der Ausdruck von Mitfreude ist »Zeichen einer edleren Gesinnung – eben da er mehr Hemmungen an möglichem Neide findet.« »Zum Mitleid gehören Menschen, zur Mitfreude Engel«, sagt Jean Paul.

Um Mitfreude von alltäglicher Freude unterscheiden zu lernen, schauen wir uns erst einmal bekannte, freudige Gefühle etwas genauer an:

Wir kennen viele Abstufungen und Steigerungsformen von Freude. Freude kann still und euphorisch sein, wir erleben sie heimlich oder in winzigen Momenten ebenso wie im Kreis von vielen Menschen. Freude vermittelt Kraft und ist getragen von expansiver Energie. Freude verbreitet und vermehrt sich wie von selbst. Sie überwindet leicht Grenzen und stellt spontan Verbindung her. Wenn sich jemand freut, springt der Funke auf uns über, vorausgesetzt, dass wir wohlwollend und offen diesem Menschen gegenüber sind. Geteilte Freude ist doppelte Freude, heißt es.

Diese Erfahrung konnte ich machen, als ich zu meinem ersten einjährigen Kalifornien-Aufenthalt aufbrach. Damals veranstaltete ich ein großes Abschiedsfest für meine Freunde in Hamburg. Alles war bestens vorbereitet – mir fehlte nur noch eines: Ich hatte die Idee, meine Partygäste zu fotografieren, und diese Fotos wollte ich während des Festes an eine große Wand pinnen. Dazu fehlte mir allerdings eine Polaroid-Kamera, die ich mir aber überhaupt nicht leisten konnte. Am Morgen des

Festes ging ich in ein großes Fotogeschäft und wagte etwas sehr Ungewöhnliches. Ich hatte eine Polaroidkamera im Schaufenster gesehen und fragte den Verkäufer, ob er sie mir nicht über das Wochenende ausleihen könnte. Ich erzählte ihm von meinen Partyplänen und dass ich die Kamera gleich am Montagmorgen wieder zurückbringen würde. Zu meinem großen Erstaunen ging der Mann, der mich noch nie zuvor gesehen hatte, ohne Zögern zum Schaufenster, nahm die Kamera heraus und gab sie mir. Dabei fragte er, ob ich mit der Bedienung vertraut sei und ob ich Filme brauche. »Wollen sie sich nicht meine Adresse aufschreiben?« Er schüttelte verneinend den Kopf: »Ich vertraue ihnen vollkommen.«

Meine Freude war riesig und vervielfachte sich auf dem Fest und danach noch, denn die mit den Polaroidfotos verbundene Geschichte wurde im ausgedehnten Bekanntenkreis weiter erzählt. Zum Geschäftsbeginn am Montagmorgen kam die Kamera zurück auf ihren Platz im Schaufenster, so als sei nichts geschehen. Und noch jetzt, Jahrzehnte später, geht mir das Herz auf, wenn ich an die spontane Großzügigkeit und das Vertrauen des Fotoverkäufers denke. So wirkt Mudita, unbegrenzt und erstaunlich, mit keinem Habenwollen und keiner Ablehnung verbunden, sondern mit der Absicht, den Erfolg und das Glück anderer Menschen freudig zu unterstützen.

Freude ist die Alltagsform des Glücks und findet ihren Ausdruck in vielen Variationen des Lachens. Beim Lachen vibriert das Zwerchfell, die Pupillen vergrößern sich, die Muskeln in den Beinen versagen, manchmal gibt sogar der Blasen-Schließmuskel nach. »Du schmeißt dich vor Lachen in die Ecke«, sagen wir, weil bei plötzlichen Lachattacken alle Muskeln abschlaffen. Kleine Kinder lassen sich dann einfach umfallen vor Lachen. Die Ausschüttung des Stresshormons Adrenalin wird beim Lachen gestoppt, stattdessen werden körpereigene Endorphine,

Glückshormone, produziert. Einige Minuten Lachen wirken wie eine halbe Stunde Entspannungstraining. Lachen reduziert Schmerzen und stärkt das Immunsystem. Noch Stunden später dauert die Wirkung des Lachens im Körper an.

Die junge Wissenschaft vom Lachen, die Gelotologie, erforscht diese Zusammenhänge. Man fand heraus, dass Erwachsene durchschnittlich etwa 20 mal am Tag lachen, Kinder dagegen 200 mal am Tag, unabhängig von ihrer Kultur. Etwa siebzehn Hauptgesichtsmuskeln sind beim Lachen beteiligt, es gibt also unzählige Differenzierungsmöglichkeiten vom versonnen Lächeln über das spitzbübische Grinsen bis hin zum brüllenden Gelächter. Und das Lächeln unterscheidet sich vom Lachen dadurch, dass es nicht in den Atemablauf eingreift.

Der vietnamesische Meditationsmeister Thich Nhat Hanh lehrt die Praxis des inneren Lächelns als eine Meditationsform. Er weist uns an, zu jeder Zeit, bei der stillen Sitzmeditation und im Alltag, ein leises Lächeln auf den Lippen zu tragen, um unsere achtsame Haltung zum Leben zu unterstreichen. »Das echte Lachen erkennt man an der Aktivität des Ringmuskels um die Augen«, erklärt der Lachforscher Willibald Ruch, der die Gesichtsmuskulatur bei verschiedenen emotionalen Zuständen studiert hat. Die Vipassana-Lehrerin Tara Brach unterrichtet eine Variante der Lächel-Übung, die ganz subtil wirkt. Sie gibt die Anleitung, den Mund entspannt zu lassen und sich beim Meditieren auf die beiden äußersten Augenwinkel zu konzentrieren und dort ein Mikro-Lächeln zu platzieren, das mehr nach innen spürbar als nach außen sichtbar wird. Ob beim Telefonieren, beim Einkaufen oder Autofahren – in jeder Situation des Alltags entfaltet diese Übung eine wohltuende Wirkung. Wem es gelingt, den Ansatz eines Lächelns in den Augenmuskeln zu halten, wird erfahren, dass sich seine Stimmung deutlich aufheitert.

Dass Lachen auch die Kreativität anregt, geht aus der folgenden Geschichte hervor: Im Jahr 1968 präsentierte Walter Thiele auf der Erfindermesse einen Stoffpapagei, der im Bauch einen Miniplattenspieler hatte. Niemand interessierte sich für dieses Spielzeug. Aus Ärger darüber riss Thiele den Plattenspieler aus dem Bauch des Papageis, steckte ihn in eine alte Socke und nannte das ganze: Lachsack. Das Ding wurde auf dieser Messe zum Renner. Danach ließ Walter Thiele hundert Leute vorlachen für eine Tonbandaufnahme, mit der er den Lachsack als Produkt auf den Markt bringen wollte. Er entschied sich für das Lachen eines Nürnberger Finanzbeamten und fragte den Beamten, ob er 1000 Mark auf die Hand oder eine Beteiligung von 10 Pfennig pro Lachsack haben wollte. Der Finanzbeamte entschied sich für die 1000 Mark. Walter Thiele verkaufte seinen Lachsack 120 Millionen mal in 98 Ländern.[19]

Mitfreude, Mudita, ist eine sehr ungewöhnliche spirituelle Praxis, die uns lehrt, dass wir selbst uns das größte Hindernis auf dem Weg zu Freiheit, Weisheit und Glück sind. Mudita passt nicht zu der Vorstellung, dass Leben Leiden bedeutet, dass man selbst immer Opfer ist, schwach und abhängig. Mudita brennt das von Furcht gebeutelte Selbstbild nieder; die Gewohnheiten und Konzepte des kleinen Selbst wischt Mudita mit unbeschwerter Freude aus. »Der Sekundenbruchteil zwischen Knospe und Rose ist nur denen bekannt, die Rosen geworden sind«, sagt Reshad Feild.

In der Mudita-Praxis geht es auch darum, uns selbst und andere für unsere guten Absichten wertzuschätzen. Mudita ist Anerkennung und Gratulation, ein Geschenk, das wir uns selbst jederzeit geben können. Wenn man sich selbst feiern soll, wenn man sich selbst auch noch ungehemmtes fröhliches Wachsen wünschen soll, stößt man unweigerlich auf Hindernisse in der Freundschaft zu sich selbst. Plötzlich zeigt sich Furcht, viele Menschen haben Angst, beklatscht zu werden und im Scheinwerferlicht zu stehen. Dabei gibt es so viel Gutes, das wir jeden

Tag tun, so viel Mühe und Geduld, die wir für unsere Mitmenschen, für unsere Arbeit und unsere tägliche spirituelle Praxis aufbringen. Es gibt genügend Grund, uns selbst mit Wohlwollen zu begegnen. Wir brauchen es, dass wir uns an unserem eigenen Dasein erfreuen können. Damit geben wir dem Leben einen anderen Geschmack. Wenn wir in uns und anderen das Gute betonen und zum Ausdruck bringen, schaffen wir Freude in der Welt. »Und wenn es mir zu langweilig wird«, gesteht Karl Valentin, »erzähle ich mir selber Witze. Über die, die ich noch nicht kenne, kann ich am meisten lachen.«

Es gibt aber auch Formen alltäglicher Freude, die mit Mudita nicht in Übereinstimmung zu bringen sind. Wer sich am Verlust anderer ergötzt und dabei Schadenfreude empfindet, wer sich mit anderen ständig vergleicht und gewinnen will, um sich abzusetzen und herauszuragen, der macht zwar Erfahrungen, die sich heutzutage mancher wünscht, die aber belastet sind vom Geist des Habenwollens. Das Herz sucht Zugehörigkeit und leidet unter Ausgrenzung. »Schau mal, wie toll ich bin und was ich alles habe, ist das nicht ein guter Grund, mit mir befreundet zu sein« – diese nach Anerkennung heischende Freude ist im buddhistischen Sinn ebenso wenig erstrebenswert wie schwindelnde, erregte, überschäumende Freude, in der man von Erfolg und Euphorie davongetragen wird, aus dem Gleichgewicht gerät und den Boden unter den Füßen verliert.

Die Mitfreude ist ein starkes, kraftvolles Gefühl, frei von Aversionen, frei von Begehren. In dieser Art von Freude wendet sich kein Streben gegen eine andere Person, und es wirkt auch keine anhaftende Kraft. Mudita hat eine heilsame Energie, die bei allen Beteiligten Zustimmung findet. Martin Buber erzählt eine Geschichte, in der die unerwartet aufmunternde, beinah magische Kraft von Mudita deutlich wird:

»Mein Großvater war gelähmt. Eines Tages bat man ihn, eine Geschichte über seinen Lehrer zu erzählen. Mein Großvater berichtete, wie sein eigener Lehrer hin- und hersprang, ja, sogar tanzte, wenn er seine Gebete sprach. Mein Großvater richtete sich beim Erzählen auf und wurde so mitgerissen von seinen Erinnerungen, dass er sich auf seine zwei Beine stellte und herumhopste, um zu zeigen, wie sein Meister gebetet hatte. Seitdem ist mein Großvater von der Lähmung geheilt.«

Mudita ist so einladend, man möchte am liebsten auch mit dem Großvater tanzen. Mudita gründet sich in Vertrauen und einem glücklichen Herzen. Das Ruhen im Zentrum charakterisiert Mudita. Gleichzeitig ist die Mudita-Energie voller Überfluss und Großzügigkeit. Mudita ist selbstlos, unvoreingenommen und rein. Mudita ist Musik in den Ohren des Herzens. Mudita lässt das eigene Herz hüpfen, weil ein anderes tanzt. Freude bringt Frieden. Freude stärkt. An Freude kann man sich nähren. Freude verbindet uns mit den Wundern des Lebens. Der Buddha sagt, dass Freude das Tor zur Erleuchtung ist.

Was kann nun unsere Mitfreude erwecken?

Mudita transzendiert die Wirklichkeit, weil die Wahrnehmung bewusst zu allem gelenkt wird, was Freude bereiten kann. Es ist eine gute Aufgabe für uns selbst zu schauen, was uns tatsächlich aufmuntert, was wir brauchen im Alltag, um wirklich Ja zum Leben zu sagen. Mit dieser inneren Haltung, die ganz bewusst das Gute in uns selbst und im anderen betont, erleichtern wir uns den Alltag. Unser Hang zum Bewerten und Verurteilen, unser aversives Reagieren wird mit der Mudita-Praxis immer mehr ausgeglichen. Wir müssen uns ja Gedanken machen, was wir wirklich positiv bewerten, worin unser Beitrag liegt. Wir nutzen jede Gelegenheit, um Glückwünsche auszusprechen, wir halten aktiv Ausschau nach Menschen, Verhaltensweisen, Erfahrungen und Dingen, die wir wertschätzen, wir betonen Dankbarkeit und Anerkennung, wir unterstützen andere in ihrem Gedeihen und wachsen dadurch selbst.

ÜBUNG

Welcher Satz kann das Feuer der Freude in Ihnen erwecken? Sprechen Sie die folgenden Sätze zu sich selbst und spüren Sie, bei welchem Satz die Herztüren aufgehen. »Mögen dein Glück und dein Wohlergehen wachsen und gedeihen und niemals enden.«

»Mögen dein Glück und deine Freude immer weiter wachsen.«

Mögen dein innerer und dein äußerer Reichtum wachsen und gedeihen«, »Wie schön, dass es dir so gut geht. Möge das niemals enden.«

Beginnen Sie entweder mit sich selbst oder mit einer guten Freundin oder einem guten Freund – wählen Sie als erstes Gegenüber eine Person, der sie von Herzen wachsendes Wohlergehen wünschen. Wenn Sie nicht mit sich selbst beginnen wollen, sollten Sie einen Glückspilz auswählen, jemanden, der oben auf der Welle schwimmt.

Sehen Sie diese Person innerlich vor sich sitzen, freuen Sie sich mit ihr und sagen Sie zu ihr den Satz, den Sie ausgewählt haben.

Sprechen Sie den Satz eine Woche zu dieser Person hin.

Danach wenden Sie sich mit dem Mitfreude-Satz
eine Woche an das eigene Selbst
eine Woche an den Mentor, die Mentorin
eine Woche an die neutrale Person
eine Woche an die schwierige Person
eine Woche an alle Lebewesen in den vier Himmelsrichtungen.

Um Mitfreude zu wecken, gestalten Sie ganz bewusst Ihren Alltag. Heben Sie hervor, was aufheiternd wirkt. Sehen Sie zur Abwechslung mal einen lustigen Film, lesen Sie komische Bücher, suchen Sie Kontakt zu witzigen Menschen. Wer oder was in Ihrem Umfeld hebt die gute Laune? Wer kann Sie mit Humor entwaffnen? Wer ist dankbar und voller Wertschätzung für Sie? Suchen Sie Bilder, Fotos, Postkarten, die Ihre Mudita-Übung inspirieren und heften Sie immer wieder neue Bilder an Stellen, die Sie täglich im Blickwinkel haben. Spielen Sie mit Mudita!

Schmeichelei und Idealisierung

Man wünscht Erfolg, Reichtum, Wohlergehen und verehrt damit ein Ideal, das nur in der eigenen Vorstellung existiert.

Wenn durch Freude nicht mehr Verbindung entsteht, sondern eher ein größerer Abstand, handelt es sich nicht um Mudita. Die anhaftende Mitfreude – das Missverständnis, der nahe Feind, von Mudita – kommt in sehr ähnlichem Gewand daher wie die reine Freude und nennt sich Sentimentalität, euphorische Begeisterung, Idealisierung, auch Schmeichelei. Jemand hat allen Anlass zur Freude, und wir stimmen ein: »Wie großartig du bist! Das könnte ich nie! Du bist ja so anders als alle anderen.« Es sieht so aus, als würde man sich mit jemandem freuen, doch die Freude kommt aus der Vorstellung, die man von dieser Person hat. Es besteht eine deutliche innere Distanz zu dem vom Glück beschenkten Idol. Man wünscht Erfolg, Reichtum, Wohlergehen, man schmeichelt jemandem und verehrt damit ein Ideal, das nur in der eigenen Vorstellung existiert. Das Idol soll das Bild erfüllen, das wir uns von ihm machen, es verkörpert eine Idee, es scheint der Vorstellung Wirklichkeit einzuhauchen. Im gleichen Maß, wie jemand an seinen Illusionen hängt, ist er oder sie auch auf das Idol eingeschworen. Das Idol hoch oben auf dem Podest, der Bühne oder dem Bildschirm erscheint dem kleinen persönlichen Ich ganz unerreichbar. Wenn aber die Wirklichkeit hereinbrechen und die Schattenseite des Idols erkennbar würde, dann würde das Idol sofort fallen gelassen werden. Für viele Fans ist es unerträglich, das Idol als einfachen Menschen mit alltäglichen Kümmernissen zu erfahren. Sie ergötzen sich an ihrem Idol, wie die Maus am Elefanten in dem folgenden Witz:

»Rennen eine Maus und ein Elefant über eine Holzbrücke. Schreit die Maus zum Elefanten hoch: ›He, Elefant, hör nur, wie das donnert, wenn wir beide über die Holzbrücke rennen.‹«

Wer einen Hang zu Schmeichelattacken und Idealisierung in sich entdeckt, kann die Übung von Mitfreude wie gewohnt fortsetzen, nimmt aber sehr bewusst die Momente wahr, in denen die Mitfreude aus den entspannten Bahnen gerät und Schaum schlägt. Da sollte der Fokus auf das eigene Selbst gerichtet werden, damit Mudita ebenso stark für sich selbst wie für die anderen wirkt.

Probieren Sie auch einmal, jenen Mudita zu senden, die Sie nicht leiden können, die viel besitzen und die womöglich noch damit protzen. Es ist eine ganz besondere Herausforderung, Mudita an jene zu verschenken, die man nicht leiden kann, die nach unserer Ansicht eh schon zu viel haben. Die Begegnung mit unseren Vorstellungen von Recht und Moral wird dabei sehr deutlich. Können wir uns öffnen für den Gedanken, dass Mitfreude und Lebenslust sich nicht nach unseren Vorstellungen richten, sondern aus Freiheit und Unvoreingenommensein wachsen?

Eifersucht, Neid, Missgunst

Missgunst peinigt uns selbst ebenso sehr wie die Menschen, gegen die wir dieses Gefühl hegen.

Mitfreude ist Ausdruck von Überfluss, Loslassen und Expansion. Das Gegenteil von Mitfreude – Missgunst – ist in Festhalten, Knappheit und Kontraktion begründet. Besitzdenken und Verlustangst beherrschen den Geist, der sich angesichts des Glücks und Wohlergehens anderer in abwehrendem Widerstand festnagt und an Neid und Eifersucht leidet. In diesem Zustand kann der Herzgeist nicht zur Ruhe kommen.

Viele glauben, dass Eifersucht automatisch zur Liebe dazugehört. In der Eifersucht aber liegt Angst vor dem Verlust der Liebe. Wer sein geliebtes Wesen besitzen möchte, hat Angst, es zu verlieren und wacht eifersüchtig darüber. Starke Eifersucht möchte, dass sich der Partner gar nicht mit irgendetwas anderem beschäftigt, dass er nichts anderes liebt. Wer von Eifersucht überfallen wird, fühlt sich von vermeintlichem Liebesentzug bedroht, gequält von dem Gefühl, ungerecht behandelt zu werden und zu kurz zu kommen. Alle Erfahrung scheint von diesem bitteren, beißenden Gefühl eingefärbt zu sein. Missgunst peinigt uns selbst ebenso sehr wie die Menschen, gegen die wir dieses Gefühl hegen.

Eifersucht kann sehr unterschiedlich dosiert sein und sich auf vielerlei beziehen – auf Freunde, auf Interessen, die ein Partner pflegt, auf Eltern und Kinder, auch auf Qualitäten und Talente.

Die meisten von uns haben dieses Gefühl schon in sich verspürt. Wir begegnen Neid und Eifersucht im öffentlichen Leben, in Wirtschaft, Politik und Medienwelt, wo um Macht und Einfluss gepokert wird, ebenso in unserem Umfeld, in der Familie, im Kollegenkreis, bei Mitarbeitern, Schülern, im Sportverein oder in der spirituellen Gemeinschaft, überall dort, wo es in Beziehungen um Anerkennung und Gesehenwerden geht, wo Liebe und Zuneigung eine Rolle spielen. Eifersucht kann vernichtend wirken und Lebensdramen verursachen.

Neid und Eifersucht sind direkt verbunden mit dem Besitzdenken, das in unserer Gesellschaft eine große Rolle spielt. Der Wert einer Person wird bei uns verknüpft mit dem Kapital, das ihr zur Verfügung steht, mit dem Eigentum, das sie vorweisen kann. Schnell wird da auch der Liebespartner zum Besitz, den man verteidigen muss. Konkurrenz und Wettbewerb werden bei uns so angeheizt, dass es ganz normal erscheint, jemanden überrunden oder ausstechen zu wollen. Im Kampf um Marktvorteile werden Menschen und Dinge als gleichwertige Mittel benutzt. Mann trumpft mit der superblonden Ehefrau an seiner Seite auf und wacht eifersüchtig darüber, dass diese Trophäe nicht in anderen Besitz übergeht. In der Schule definieren sich Kinder über die Autos, die ihre Väter fahren, oder über die Markenkleidung, die sie sich leisten können. Eifersucht ist ein ständiger Trumpf in diesen Gesellschaftsspielen und bedingt eine vergiftete Atmosphäre in vielen sozialen Gruppen, die von der Werbeindustrie auch noch zusätzlich angeheizt wird. Wir kennen alle die Plakate, auf denen im Hintergrund eine Gruppe neidischer Menschen steht, die den stolzen Besitzer irgendeines Statussymbols bestaunt.

Neid und Eifersucht erwachsen aus entwertenden Vergleichen. Wir finden es ungerecht und gemein, dass andere scheinbar das haben, was wir selbst ersehnen. Wir nehmen es uns übel, dass wir unsere Vorstellung vom Glück nicht einfach verwirklichen können, und reagieren mit Frustration und Auflehnung. Wie viele leiden, weil sie fürchten und erleben, dass ihnen die Liebe, der Reichtum, die Macht, die Aufmerksamkeit, die anderen zufließen, selbst nicht gegönnt wird. Zu Neid und Eifersucht gesellen sich dann auch noch beißender Schmerz und Scham.

Um das alles nicht zu spüren, wird eine Abwehrmauer gebildet, durch die das Verlangen, das man selbst empfindet, auf andere projiziert wird, und man sieht, wie sie es ausleben und erfüllt bekommen.

Wer unter Eifersucht leidet, sehnt sich nach Anerkennung und möchte gern als liebenswert erkannt werden. Unsicherheit prägt den mit Eifersucht und Neid erfüllten Geist, der oft schon in Kinderzeiten unter einem Gefühl der Benachteiligung gelitten hat. Im Erwachsenenleben kann dann noch so viel Gutes geschehen, es wird kaum den Schmerz der Kindheit heilen, wenn das zurückgesetzte innere Kind keine Anerkennung findet. Je tiefer die Kluft zwischen ersehnter Anerkennung und erlebtem Mangel ist, desto heftiger ist auch die Eifersuchtsreaktion. Das heißt, wer unter Eifersucht leidet, muss sich selbst erst einmal die vermisste Aufmerksamkeit geben und sich fragen, was helfen kann, die Mangelempfindung zu heilen.

In der Paar-Beziehung kann das bedeuten: »Ich brauche die Sicherheit, dass du mir treu bist« oder bei Eifersucht im Geschwisterkreis: »Ich muss es aussprechen, wenn ich mich ungerecht behandelt fühle.« Die Kommunikation darüber ist jedoch nicht leicht, denn man erzählt nicht gern, dass man neidisch oder eifersüchtig ist, man mag sich ja selbst meist nicht in diesen Situationen und fühlt sich zusätzlich verwundbar. Es braucht Vertrauen und einen geschützten Rahmen, um diese schwierigen Gefühle anzusprechen und seinen Herzenskummer zu offenbaren. Doch jeder Versuch ist es wert.

Der große persische Mystiker und Dichter Jelaluddin Rumi (1207–1273) lebte als berühmter Sufi-Scheich in Konya, einer Stadt in der heutigen Türkei. Rumis erste Ehefrau starb, als sie noch ganz jung war. Mit seiner zweiten Frau zog Rumi mehrere Kinder groß. Dann verliebte sich Rumi in den wandernden Derwisch Shams, und das veränderte sein Leben radikal. Durch seine große Liebe wuchsen ihm ungekannte Kräfte zu, er befolgte nicht mehr die herkömmlichen Konventionen und wurde immer mehr zum weisen Narren.

In diesem Lebensabschnitt war Rumi bereits ein im ganzen Land bekannter Hochschullehrer und geachteter spiritueller Meister, von einer großen Schülerschar geliebt. Natürlich hatte man – damals wie heute – Vorstellungen davon, wie sich ein Gelehrter seines Standes angemessen zu verhalten hat. Je weniger Rumi sich an diese Richtlinien hielt, desto mehr schockierte er seine Umwelt. Er schien nur noch darauf zu warten, dass sein Geliebter in die Stadt zurückkehrte, er tanzte voller Vorfreude ausgelassen durch den Basar und erzählte jedem Passanten von seinen himmlischen Erfahrungen. Seine Söhne und Studenten fühlten sich von diesem Verhalten völlig brüskiert und verfolgten Shams mit offener Eifersucht. Eines Nachmittags lauschte Rumi verzückt einem Violinenspieler. Ein Freund unterbrach ihn und forderte ihn auf, zum Gebet zu kommen.

Rumi lehnte ab: »Unsinn. Das hier ist auch Gebet, Musik spricht zu Gott. Er wünscht das Gebet als Ausdruck der Dienstbereitschaft, die Musik aber vermittelt Liebe und Wissen von Gott.«

Die Umwelt konnte sein ekstatisches Glück nicht ertragen. Seine Söhne und Studenten schmiedeten ein Komplott und schafften Shams aus dem Weg. Er wurde nie wieder gesehen, sein Leichnam wurde nirgends gefunden. Rumi aber stürzte in Trauer und Verzweiflung.

Wie geht man nun im Rahmen der Metta-Praxis am besten mit so schwierigen Geisteszuständen wie Neid und Eifersucht um?

Wer unter eigener Eifersucht leidet, schickt Metta und Mitgefühl zu sich selbst und fragt sich: Was brauche ich, um wieder Frieden zu finden? Was braucht es, damit diese Situation akzeptiert werden kann? Bedenken Sie, dass es im Leben viele aus unserer Sicht ungerechte Situationen gibt, die nicht aufgelöst werden können. Wenn jemand monatelang im Krankenhaus liegt und neidisch ist auf die Freunde, die ihrem Vergnügen nachgehen können, so ist das nur verständlich.

Wenn Sie das Gefühl haben, dass Ihr Neid und Ihre Eifersucht berechtigt sind, respektieren Sie dieses Gefühl und strafen Sie sich nicht zusätzlich mit der Forderung, Sie sollten stattdessen Mitfreude empfinden können. Schenken Sie sich selbst Mitgefühl, erforschen Sie, was Ihrem Herzen Frieden und Freude schenkt. Üben Sie Mitfreude dort, wo sie leicht und unbeschwert fließen kann. Wir können uns zu keinem Gefühl zwingen. Akzeptierende, wahrhaftige Empfindung in jedem Augenblick ist das Ziel unseres Übens. Nur daraus können Liebe und Freude erwachsen.

Wer unter einem eifersüchtigem Partner leidet, braucht viel Geduld und Mitgefühl für den Schmerz, der dadurch in der Beziehung entsteht. Zeit zum Gespräch, Verstehen wollen, Sicherheit und Gewissheit geben sind nötig, ebenso wie klare Grenzsetzung. Man versucht immer wieder herauszuspüren, was die eifersüchtige Person eigentlich wirklich braucht. Vermitteln Sie: »Mich bekümmert dein Schmerz« und senden Sie sich selbst auch Metta und Mitgefühl, wenn Sie unter der Eifersucht Ihres Partners oder Ihrer Partnerin leiden.

Bemühen Sie sich, keine Aversion gegen Neid und Eifersucht aufzubauen. Was kann uns helfen, diese Gefühle zu akzeptieren? Wer von Eifersucht geplagt wird, vermisst Aufmerksamkeit, wer neidisch ist, fühlt sich benachteiligt. Gibt es nicht irgendetwas, womit wir das Herz der Menschen berühren und erfreuen können, die unter diesen schwierigen Gefühlen leiden?

Gelassenheit, Gleichmut

Gleichmut ist frei von Reaktivität, voller Akzeptanz, zentriert, mit großem inneren Raum für alles Geschehen.

Der vierte wundervolle Geisteszustand, den wir durch die Metta-Meditation einüben, heißt Gelassenheit oder Gleichmut. Gleichmut ist die Fähigkeit, Geistesruhe zu bewahren angesichts aller Erfahrungen, seien sie auch noch so mitreißend, abstoßend oder schwierig. Gleichmut hält die Balance zwischen Freude und Schmerz und kann in allem den unbegrenzten Raum der Liebe sichern. Gleichmut erfüllt die angenehmen und die unangenehmen Erfahrungen mit Akzeptanz.

Der Seiltänzer, der über das Hochseil balanciert, bringt Gleichmut zum Ausdruck. Wieviele unzählige Stunden hat er geübt und ist links heruntergefallen und rechts heruntergefallen und nun zentrieren ihn Mut, Kraft und Erfahrung. Er weiß, was er kann und worauf es ankommt. Er lässt sich nicht aus der Ruhe bringen. In der Meditationspraxis ergeht es uns ganz ähnlich. Aversion und Anhaften sind vertraute Reaktionen, die wir so oft in uns wahrgenommen haben, dass wir sie, wenn die Zeit reif ist, nicht mehr in Handlung umsetzen müssen. Unser Gleichgewichtssinn, die Verankerung in der Mitte, ist nach jahrelanger Übung stark genug, um zu warten, bis der Impuls zum Handeln einer freien, klaren Absicht entspringt.

In der Liste der Brahma Viharas wird das vierte wunderbare Gefühl meistens Gelassenheit genannt, manche spirituelle Lehrer interpretieren es auch als Loslassen. Ich ziehe das Wort Gleichmut vor, weil nach meinem Empfinden Kraft in diesem Wort steckt. Es braucht Mut und innere Stärke, angesichts einer sich ständig wandelnden Welt, angesichts von Leid und Vergänglichkeit, in der Mitte zu ruhen und weder Verlangen noch Aversion nachzugeben. Wenn Sie jedoch mit dem Begriff Gleichmut eher Apathie oder Resignation verbinden, lesen Sie lieber Gelassenheit, wo ich Gleichmut schreibe.

Gleichmut ist frei von Reaktivität, voller Akzeptanz, zentriert, mit großem inneren Raum für alles Geschehen. Gleichmut beinhaltet Entspanntheit und Schwerkraft, lebendige, aufrechte Verbindung mit Himmel und Erde. Haben Sie das Glück, einen wahrhaft gelassenen Menschen in Ihrem Umfeld zu kennen? Von dem UN-Vorsitzenden Kofi Annan wird berichtet, dass er seine großartige Gelassenheit und innere Ruhe unter allen Umständen zu wahren vermag. Selbst seine Frau schafft es – angeblich – nicht, sich mit ihm zu streiten.

»Den sichersten Beweis seiner Größe liefert ein Mensch durch seine umfassende Perspektive«, sagt Hazrath Inayat Khan. Gleichmut ist eine Frage der Perspektive. Je umfassender sie wird, desto stabiler ist der Gleichmut. Der Mensch im Tal sieht einen anderen Horizont, als der Mensch oben auf dem Berg. Vergleichbar unterscheiden sich auch die Menschen in ihrem inneren Horizont. Zu Beginn der spirituellen Praxis ist die innere Landschaft eng und kaum erkennbar, mit zunehmenden Übungsjahren aber wachsen Einblick und Ausblick, der Horizont dehnt sich immer mehr. Wer in der Mitte seines Herzgeistes zu Hause ist, dem stehen alle Himmelsrichtungen offen.

Die traditionelle Satzfolge, mit der wir Gleichmut üben, heißt: »Du trägst die Verantwortung für dein Handeln. Dein Glück oder Unglück hängt nicht von meinen Wünschen für dich ab, sondern von deinem Verhalten.« Ebenso könnte es heißen: »Möge ich angesichts des Kommens und Gehens von Ereignissen Gleichmut bewahren.« Oder, noch kürzer gefasst: »Es ist, wie es ist.« Für viele klingt das zunächst hart, kühl, abweisend. Nachdem wir Liebe, Mitgefühl und Mitfreude geübt haben, kommt nun diese abgrenzende Aussage. Ganz gleich, was ich dir wünsche, du musst in jedem Fall die Konsequenzen deines eigenen Handelns tragen, du bist verantwortlich für das, was du verursacht hast.

Das Gesetz von Ursache und Wirkung gilt für uns alle. Wenn wir einen Apfelkern in den Boden stecken, wächst unter entsprechenden Bedingungen ein Apfelkeim und ein Apfelbaum, der Äpfel trägt und keine Birnen. Wenn ich Wasser erhitze, fängt es an zu kochen und zu verdampfen. Wenn ich eine Tasse fallen lasse, zerspringt sie. Wenn ich einen Menschen verletze, werde ich keine glückliche Beziehung zu ihm haben. Wenn ich lüge, wird das eine Wirkung haben, die ich spüren kann. Wer Hass sät, wird auch Hass ernten. Eine Stufe des Werdens bedingt die folgende. Mein Handeln hat Ursachen und Folgen, die sich oft über lange Zeiträume erstrecken, die ich aber durchaus erkennen kann und denen ich auch durch Bitten und Beten und Metta-Wünsche nicht entrinnen kann.

Die Gleichmut erzeugenden Sätze, die zuerst zu einer neutralen Person gesagt werden, also zu jemandem, der uns weder anzieht noch abstößt, haben bei genauem Hinspüren etwas Beruhigendes. Man kann sich unter ihrer Wirkung entspannen. Natürlich wünsche ich dir das Beste, aber es liegt nicht in meiner Macht, was geschehen wird. Das liegt in deinen Händen.

Gleichmut setzt Geduld voraus, ohne Geduld ist auch Gleichmut nicht möglich. Gleichmut braucht die entspannte, nicht-reaktive Bereitschaft, mit den Dingen zu sein, wie sie in diesem Augenblick sind.

Ich höre in einem Telefonat mit meinen Eltern, dass sie bekümmert sind über das Verhalten von Freunden, die ich auch gut kenne. Wir können nicht verstehen, warum diese Freunde so nachlässig sind. Im ersten Moment möchte ich meine Eltern unterstützen und ihre Traurigkeit wegzaubern, indem ich die Freunde anrufe und die Dinge aufkläre. Doch ich spüre meine Entrüstung und Reaktivität sehr deutlich und weiß, dass daraus nichts Hilfreiches entstehen kann. Lieber warte ich geduldig, bis sich eine Gelegenheit bietet, das Missverständnis aufzuklären, ohne dass ich mich in die Beziehung zwischen Eltern und Freunden einmischen muss.

Der geduldige Geist bleibt offen und beharrlich in der Gegenwart. Er gewinnt seine Stärke aus der Kontinuität der Anwesenheit, mit anderen Worten: aus seinem Durchhaltevermögen. Wer sich selbst ungeduldig findet, wird durch die Metta-Übung allmählich geduldig werden. Denn was heißt Ungeduld? Warten auf etwas, das noch nicht eingetreten ist? Sich selbst immer ein Stückchen vorauseilen? In die Zukunft starren und hoffen, dass wir sie bald einholen?

Der gleichmütige Satz: »Es ist, wie es ist« bedeutet: Sei hier anwesend, in diesem Augenblick und spüre, was dir nicht gefällt und weshalb du ungeduldig bist. Taste dich Schritt für Schritt voran. Man kann immer nur einen Metta-Satz auf einmal äußern, einen nach dem anderen. Geduld hat in der Meditation nichts damit zu tun, auf etwas zu warten, sondern mit etwas zu sein, vertrauensvoll in der jeweiligen Erfahrung in diesem Augenblick zu verweilen.

Der tibetische Meister Atisha hatte einen indischen Diener, der sich ihm gegenüber ständig respektlos und verächtlich verhielt. Immerzu nörgelte dieser Mann und machte allen im Haus das Leben schwer. Atishas Schüler schlugen vor: »Meister, entlasse diesen Diener, schick ihn weg, er ist für uns alle nur ein Quälgeist.«

Atisha antwortete: »Sagt das nicht! Ich bin froh, dass sich dieser Mann für meine Geduldsübungen anbietet. Wie sollte ich mich darin üben, wenn ich ihn nicht hätte?«

Wir bedienen komplizierte Instrumente, wir trainieren uns in so vielen ungewöhnlichen Fähigkeiten, sollte es da nicht auch möglich sein, eine Herzensgeduld zu entwickeln, die uns bestens hilft, mit uns selbst und mit anderen auszukommen? Geduld, gemischt mit Metta und Mitgefühl, ergibt Gelassenheit, Raum, in dem beide Seiten einer Sache, beide Ansichten einer Person Platz haben. Wir sind nicht Entweder-Oder, wir sind dies und das, eine bunte, wenig perfekte Sammlung von unterschiedlichen Eigenschaften. Fehler gehören zu unserer Existenz. Wir versuchen und versuchen und üben uns in Nachsicht. Geduld und Bescheidenheit tun dem Herzen wohl. Wir können unzählige Bücher lesen und schreiben, die klügsten Ratschläge ersinnen – wir wären nicht auf diesem Planeten, wenn wir vollkommen wären. Niemand ist ausnahmslos großartig, jeder hat seine unangenehmen Macken. Entsprechend fallen auch unsere Beziehungen aus, denn sie sind von unseren Fehlern beeinflusst und unterstreichen unsere Grenzen. Mit aller Gelassenheit können wir unsere Idealvorstellungen an den Nagel hängen und uns stattdessen an der Unvollkommenheit des Alltags erfreuen. »Sei jedes Mal glücklich, wenn du einen neuen Fehler entdeckst«,[20] empfahl der Jesuit Jean-Pierre Caussade. Weiterhin erklärte er: Wenn wir bemerken, dass wir ungeduldig werden, können wir üben, dies geduldig anzunehmen, wenn wir die Ruhe verlieren, können wir üben, dabei gelassen zu bleiben, wenn wir ärgerlich werden, sollten wir auf keinen Fall deshalb mit uns selbst ärgerlich sein, wenn wir unzufrieden sind, können wir versuchen, mit dieser Unzufriedenheit einverstanden zu sein – vor allem aber heißt es, gelassen zu bleiben und daraus auch keine Regel zu machen und sich selbst nicht übermäßig ernst zu nehmen, denn in der Schwäche liegt die Stärke und im Jammer die Freude und in der Erregung der Gleichmut. Indem wir anerkennen, was nicht ist, beleben wir das, was ist.

ÜBUNG

Um uns in Gleichmut zu üben, wählen wir als erstes Gegenüber die neutrale Person und sagen zu ihr entweder ganz einfach:

»Es ist, wie es ist.«

Oder: »Möge ich angesichts des Kommens und Gehens von Ereignissen Gleichmut/Gelassenheit bewahren.«

Oder: »Du trägst die Verantwortung für dein Handeln. Dein Glück oder Unglück hängt von deinem Verhalten ab, nicht von meinen Wünschen für dich.«

Nachdem Sie sich eine Woche lang auf die neutrale Person konzentriert haben, richten Sie Ihre Gleichmuts-Sätze:

eine Woche an das eigene Selbst
eine Woche an den Mentor, die Mentorin
eine Woche an den guten Freund, die gute Freundin
eine Woche an die schwierige Person
eine Woche an alle Lebewesen in den vier Himmelsrichtungen.

Gleichgültigkeit

Gleichgültigkeit ist ein Schutzmechanismus, hinter dem sich ein unsicheres, oft verletztes Wesen verbirgt.

Gelassenheit und Gleichmut sind Ausdruck von Reife und erprobter Übung auf dem spirituellen Weg. Viele Menschen vermögen Gleichmut und Gleichgültigkeit gar nicht voneinander zu unterscheiden. Wenn sie Gleichmut hören, reagieren sie voller Abwehr auf diese »gleichgültige, apathische Haltung, die nach der Resignation des Alters riecht«, wie mir jemand kürzlich erklärte. Für die Metta-Praxis ist es wichtig, unterscheiden zu lernen, dass im Gleichmut keine Gier und keine Aversion enthalten ist; in der Gleichgültigkeit (dem nahen Feind) ist eine kleine Portion davon und im Gegenteil, in der Reaktivität (dem fernen Feind), ist der Geist erfüllt von Gier und Aversion.

Obwohl Gleichmut und Gleichgültigkeit auf den ersten Blick verwechselbar erscheinen, erkennt man mit etwas Übung doch den Unterschied in diesen beiden Lebenshaltungen. Gleichgültigkeit ist ein Schutzmechanismus, hinter dem sich ein unsicheres, oft verletztes Wesen verbirgt. »Was ich nicht weiß, macht mich nicht heiß«, sagt die Gleichgültigkeit und veranlasst uns, in der Komfortzone zu verweilen.

Wenn die Gleichgültigkeit uns im Griff hat, fürchten wir uns vor Kontakt mit unangenehmen Erfahrungen und nivellieren unsere Empfindungen. Dann ist es uns lieber, in der Illusion zu verbleiben, als der Wahrheit ins Auge zu schauen. Die Wahrnehmung wird verwaschen und ungenau, denn Intensität oder Sensibilität ist Gift für Gleichgültigkeit.

Achtsamkeit und Gleichgültigkeit widersprechen sich. Gleichgültigkeit reagiert abwehrend auf differenzierende Wahrnehmung. Jemand, der von Gleichgültigkeit erfüllt ist, erscheint uns äußerlich gelassen, doch innerlich fühlen sich diese Menschen meist schwach, dumpf, hilflos und desorientiert. Sie betäuben sich, sie gehen aus dem Weg, sie sind die idealen Mitläufer, sie wollen nicht auffallen und sind froh, wenn jemand die Richtung angibt, denn ohne klare Regeln fühlen sie sich verloren und verlassen. Weil sie mit ihren eigenen Empfindungen und Gefühlen nicht zurechtkommen, fehlt ihnen Empathie, die Fähigkeit, mitfühlend auf andere zu reagieren. Ihre Perspektive ist eng begrenzt auf mittelmäßige Gewohnheiten, aus denen sie sich in Sucht und Tagträumereien flüchten. Wer Gleichgültigkeit pflegt, lebt in einem Nebel der Ungenauigkeit und unterstützt aus Furcht vor Veränderung Dogmatiker und Diktatoren.

Ich frage mich, wie sich Gleichgültigkeit in meinem Leben zeigt. Wenn ich mich gleichgültig fühle, dann antworte ich nicht, widerspreche nicht, engagiere mich nicht, wehre mich nicht. Immer, wenn ich versuche mir einzureden, dass mir etwas gleichgültig sei, spüre ich meine Unlust und Furcht vor der Auseinandersetzung. Wenn ich nicht gleichgültig wäre, dann würde ich mehr riskieren, ich würde genauer sein, ich würde Leserbriefe schreiben, politisch aktiv sein und wagen, Freunde zu brüskieren und zu verlieren. Gleichgültigkeit lullt ein. Wie oft bin ich unbewusst gleichgültig? Und welche Menschen kenne ich, die nicht gleichgültig sind? Nach ihnen will ich Ausschau halten.

Reaktivität

Reaktives Verhalten lässt keine Wahl, keinen Raum, es schlägt zurück, greift ein, ohne den Kontext zu beachten, ohne die anderen Menschen einzubeziehen.

Das Kind wirft ein Glas um, und im nächsten Moment bekommt es schon eine Ohrfeige. Im vollen Bus rempelt jemand, und sofort knufft ein anderer mit dem Ellenbogen zurück. Wir schütten statt Zucker Salz in die Soße und schmeißen alles hin. Einen Fehler begehen und zurückgestoßen werden erfolgt in Sekundenschnelle, ohne Atempause zwischendrin. Das ist Ausdruck von Reaktivität, das Gegenteil von Gleichmut.

Im angenehmen Wahrnehmungsbereich gibt es ebenso viele Beispiele. Wir stehen vor einem einladenden Büffet, haben überhaupt keinen Hunger und im nächsten Moment ist der Teller voll. Wir sehen ein paar Schuhe im Schaufenster und fünf Minuten später stehen wir an der Kasse und zahlen. Das Kind schreit »Bonbon«, und Mutter teilt Süßes aus.

Die Beispiele im ersten Absatz entspringen der Aversion, die sich im Wegstoßen, im Loswerdenwollen ausdrückt. Die Beispiele im zweiten Absatz entspringen dem Verlangen, das sich im Heranziehen, Ergreifen und Besitzenwollen äußert.

Wenn zwischen diesen beiden triebhaften Impulsen keine Zeit zum Innehalten bleibt, wenn sie sofort in Handlung umgesetzt werden, ohne dass eine weise Stimme zwischendrin fragt: Ist das jetzt der richtige Moment, diesem Impuls nachzugeben?, dann haben wir es mit dem Gegenteil von Gleichmut, mit Reaktivität zu tun. 98 Prozent unseres alltäglichen Handelns ist darin begründet.

Reaktives Verhalten lässt keine Wahl, keinen Raum, es schlägt zurück, greift ein, ohne den Kontext zu beachten, ohne die anderen Menschen einzubeziehen. Reaktivität hat häufig unglückliche Folgen. Der in Reaktivität gefangene Mensch mag die Unsicherheit und Hilflosigkeit nicht spüren, die unser Dasein in all seiner Vergänglichkeit und Unvollkommenheit mit sich bringt. Stattdessen versucht er oder sie durch rigide Ansichten und Meinungen, Kontinuität zu schaffen und das Leben in festen Formen zu halten. Je starrer die Vorstellungswelt eines Menschen ist, desto vehementer muss diese Welt verteidigt werden. Aus dieser inneren Angriffshaltung heraus wird oft schon die einfachste Form von Kontakt als Bedrohung angesehen.

Es gibt eine Geschichte über einen Rabbi, der zwanzig Jahre lang jeden Morgen über den Marktplatz zur Synagoge läuft und dabei regelmäßig den Dorfpolizisten trifft. An diesem Tag ist der Polizist mit dem linken Fuß zuerst aufgestanden. Er beantwortet das freundliche Nicken des Rabbis mit einer Frage: »Na, Rabbi, wohin gehst du heute Morgen?«

»Weiß ich nicht«, antwortet der Rabbi.

Sofort fühlt sich der Polizist verschaukelt (er reagiert!) und packt den Rabbi, schleift ihn mit, wütend schimpfend: »Seit zwanzig Jahren begegnest du mir jeden Morgen auf dem Weg zur Synagoge und nun lügst du mich an, und sagst, du wüsstest nicht, wohin du gehst – solche Frechheit wird mit Gefängnis bestraft.« Mit diesen Worten wirft er ihn in die Zelle, und noch bevor er die Tür verschließen kann, bemerkte der Rabbi seelenruhig: »Siehst du wohl, hab ich doch Recht gehabt, man weiß nie, wohin es geht.«

Gefangen in Wenn-Dann-Vorstellungen versuchen wir unser Leben zu meistern. Wenn ich die nächsten zwanzig Jahre arbeite und das Haus abzahlen kann, dann werde ich mit 65 Jahren nach der Pensionierung eine Weltreise machen. Wenn ich regelmäßig ins Fitness-Studio gehe, zehn Pfund abnehme und dann Salsa tanzen lerne, finde ich bestimmt einen neuen Partner. Wenn wir jetzt das neue Auto bestellen, wenn wir in diesem Jahr kein zweites Kind bekommen, wenn ich nicht Abteilungsleiter werde, dann – Sie kennen die Fortsetzung dieser Gedankenketten. Irgendwann, wenn im Geist gar kein Raum mehr vorhanden ist und man nur noch in Reiz-Reaktionsmustern seine Tage fristet, fühlt man sich wie ein Hamster im Laufrad und sieht gar keinen Ausweg mehr. Stress und Überforderung regieren dann den Alltag.

Bevor es so weit kommt, sollten wir lieber rechtzeitig auf die Bremse treten und Innehalten üben. Das Gegenteil von reagieren ist nämlich pausieren. Die meisten Menschen wissen gar nicht, dass es Raum gibt zwischen Spüren, Denken und Handeln. Sie erlauben sich keine Ruhepause und fühlen sich ständig getrieben. Sie agieren drauflos, in der Hoffnung, dass es schon richtig sein wird. Gelüste und Gewohnheiten bestimmen ihren Alltag. Statt blind mal diesem, mal jenem Gedankenimpuls zu folgen, können wir lernen, innerlich einen Schritt zurückzutreten und zu fragen: Wie hat sich diese Situation entwickelt, und wohin strebe ich? Bin ich im Einklang mit dem Geschehen? Was ist meine Motivation?

Wir können uns Zeit nehmen zum Stillsein, zum Reflektieren und Nachspüren. Aus der Atemlosigkeit ausbrechen, nicht eingreifen. »Nicht-Tun, und doch bleibt nichts ungetan«, sagt Laotse. In der Meditation geben wir Raum für Nachklang und Echo. Daraus ergibt sich eine natürliche Entwicklung, die wir oft gar nicht vorhersehen können. Manchmal genügt es schon, zwei Minuten zu schweigen und tief zu atmen, um einen unglücklichen Kreislauf zu durchbrechen.

In den höchst komplexen Persönlichkeitsstrukturen eines erwachsenen Menschen liegen unendlich viele Schichten von Habenwollen und Nicht-Habenwollen kunstvoll miteinander vernetzt allen Verhaltensmustern zugrunde. Wir sollten nicht glauben, dass wir diese Antriebe im Laufe der nächsten Jahrzehnte auslöschen können. Sie gehören zu unserem Menschendasein wie unser Körper, der mit bestimmten Sinnesfunktionen ausgestattet ist, die uns zwangsläufig dualistische Wahrnehmung bescheren. Subjekt und Objekt, Innen und Außen, Raum und Zeit sind die Pole, die sich in unserer Wahrnehmung gegenseitig bedingen. Der Kontakt mit den Sinnesorganen bringt uns Glück und Leid, Haben-Wollen und Nicht-Haben-Wollen. Je freier ein Geist in der Antwort auf Sinneserfahrung wird, je weniger er durch Reaktivität gebunden ist, desto weiter ist er entwickelt. Wenn wir nicht mehr das Angenehme suchen und das Unangenehme fürchten, finden wir Frieden und erleben Gleichmut. Dieser vierte wundervolle Geisteszustand ist der höchst entwickelte und steht deshalb am Ende des Übungsweges.

ÜBUNG

Formelle Gehmeditation

Wenn Sie sich lieber an der frischen Luft bewegen als still in einem Raum zu sitzen, können Sie die Metta-Meditation auch im Gehen durchführen. Wählen Sie dafür einen geschützten, ungestörten Ort, wo Sie etwa 20–30 Schritte in einer Richtung auf und ab gehen können. Gehen Sie mindestens 20 Minuten.

Stellen Sie sich an den Anfang Ihres ausgesuchten Gehpfades und schließen Sie die Augen für ein paar Minuten, um sich sehr deutlich in Ihrem Körper spüren zu können. Machen Sie einen Durchlauf der 7-Punkte-Meditation. Dann öffnen Sie die Augen und gehen langsam, in aller Ruhe bis an das Ende Ihres Pfades und sprechen dabei innerlich die Metta-Sätze. Drehen Sie sich am Ende langsam und bewusst um, so dass sie jetzt den Pfad zurückgehen können. Bevor Sie loslaufen, schließen Sie wieder die Augen und machen einen Durchlauf der 7-Punkte-Meditation. Dann gehen Sie im eigenen Tempo auf und ab und sprechen Sie die Sätze leise innerlich so, dass Sie auch dabei empfinden, was Sie sagen, wobei Sie Ihre jeweiligen Ansprechpartner vor dem inneren Auge haben. Zum Beginn der neuen Richtung dann wieder die Verankerung im Körper mit den 7-Punkten.

Sobald Sie mit der formellen Gehmeditation vertrauter sind, werden Sie wahrscheinlich die meditative Aufmerksamkeit auch in alltägliche Bewegungsabläufe hineinnehmen. Alle Wege, die wir alleine gehen, können wir nutzen, um zur Besinnung zu kommen.

Schwierigkeiten in der Meditationspraxis

Ein wesentlicher Teil unseres Leidens entsteht aus dem Aufbegehren gegen die innere Empfindung, also gegen unsere ureigene Antwort auf Erfahrungen, die wir machen.

Zum Sonnenaufgang wecken mich die Vibrationen einer tibetischen Klangschale, öffnen erst die Ohren, dann die Augen. Es bleiben ein paar Momente im Bett, um von den Bildern der Nacht Abschied zu nehmen. Langsam filtert sich Morgengrau ein. Ich ziehe die Vorhänge auf, öffne die Fenster und hole mir einen Morgentee, stecke die Nase in den milden Dampf der Ingwerwurzel.

Der rosige Streifen am Horizont wird immer breiter, als ich mich zur Meditation hinsetze. Auf schwarzem Samtkissen sitzend den Tag zu begrüßen ist ein reines Himmelsgeschenk. Mein Körper entspannt sich, mit dem Ausatmen fallen die ersten Lasten ab. Meditation öffnet mir die tiefsten Türen zum Selbst, zu den Quellen meines Seins, die im Dickicht des Alltags so leicht verloren erscheinen. In der Stille finde ich neue Zugänge, nehmen Töne wahr, die der Tageslärm sonst verschluckt. Der Herzgeist wird gereinigt und darf sich ausdehnen in den endlosen Ebenen der Stille. Ich erkenne, woran es mir mangelt, welche inneren Sehnsüchte »unerhört« bleiben. Ich besinne mich auf Empfindungen, die zögernd darauf warten, von mir angenommen zu werden. Ständig kehre ich zurück zum Atem im Herzraum, um ihn ganz wach in diesen Tag hineinzunehmen. Wie kleine Knospen öffnen sich die Innenräume unter dem warmen Licht meiner Aufmerksamkeit, und schon geschieht wieder

Undenkbares und Unvorhersehbares, das aus der inneren Praxis entspringt, das mich ermutigt und nährt oder verwirrt und in tausend Fragen stürzt.

Kann man mit Worten vermitteln, was das Herz im wortlosen Raum erfährt? Die Begegnung mit der Kraft der Liebe ist wortlos. Unmittelbare Liebe sprengt unsere dreidimensionale Welt. Darüber können und müssen wir nicht sprechen. Sie wirkt – und das genügt. Die Liebe, die noch vom Wort berührt werden kann, steht im Mittelpunkt dieses Buches. Es ist die Liebe, die wir kultivieren, die wir in unseren Absichten und unserem Tun anstreben und erwecken wollen. Wir könnten sie »vorbereitende« Liebe nennen. Sie stimmt uns ein, sie weckt uns auf, damit wir im entscheidenden Moment bereit sind für die allgegenwärtige Liebe, in der das Loslassen einbegriffen ist wie die Wellen im Licht.

Der Raum der vorbereitenden Liebe ist mit vielerlei Hindernissen möbliert, die die wunderbare Eigenschaft haben, uns genau zu den Erkenntnissen zu führen, die wir zu unserem persönlichen Wachstum brauchen. An der Stelle, wo es uns schlecht geht, wo wir aufbegehren und die Meditation nicht die ersehnten Ruhephasen gewährt, sondern Furcht und Verunsicherung mit sich bringt, da lernen wir am meisten. Da liegt unser Potential zur Verwandlung verborgen. Je mehr wir das verstehen, desto eher sind wir bereit, Schmerz und Leid zu akzeptieren. In der Reibung mit den Widrigkeiten erwecken wir unsere Kräfte. Wir können uns auch viel mehr an den Früchten der Meditation erfreuen, wenn sie nicht wie Fallobst auf der Straße liegen, sondern mit Geduld und List von uns erobert werden.

Grundsätzlich ist es gut zu wissen, dass der Herzgeist, den wir mit Meditation ausloten wollen, unserem Forschungsinteresse mit zum Teil heftigen Gegenreaktionen und Widerständen begegnet. Wie ein Wildpferd sträubt er sich gegen den Reiter, der ihm Zügel anlegen will. Natürlich kann er sich auch nicht entspannen oder konzentrieren, wenn er mit Auflehnung erfüllt ist. Deshalb müssen wir lernen, dem Widerstand so zu begegnen, dass er sich auflösen kann. Wir müssen üben, die Hindernisse, die in Form von körperlichen oder psychischen Spannungen und Blockaden ins Bewusstsein treten, durch Verständnis und Akzeptanz allmählich abzubauen. Im Laufe der Jahre lernen wir, alles in die Meditation zu integrieren, keine Sucht, keine Polygamie, keine Grausamkeiten werden ausgeschlossen. Wir wollen üben, weitherzig mit allem zu sein.

Die klassischen Fünf Hindernisse, Habenwollen, Nicht-Habenwollen, Trägheit, Unruhe und Zweifel, die in jeder Meditationspraxis auftauchen, möchte ich hier nur kurz erwähnen, da ich sie an anderer Stelle ausführlich beschrieben habe.[21] Wenn Sie geplagt werden von Müdigkeit in der Meditation oder von dem wiederkehrenden Impuls, aufspringen zu wollen, wenn Zweifel Sie nicht zur Ruhe kommen lässt und Sie Ihre Meditationszeit mit Phantasievorstellungen und Tagträumen füllen, dann sind Sie ein Opfer der Fünf Hindernisse. Für den Umgang mit den Hindernissen braucht man am besten den persönlichen Rat einer Lehrerin oder eines Lehrers.

In diesem Kapitel möchte ich einige Grundvoraussetzungen klären, um Hindernisse besser verstehen zu können, und ich möchte aufzeigen, wie ich gelernt habe, mit schwierigen Situationen in der Meditation umzugehen. Der Umgang mit körperlichem und psychischem Leiden, den ich in den beiden folgenden Abschnitten schildere, entspricht nicht der traditionellen buddhistischen Lehre. Meine »Rezepte« sind eine Mischung aus westlicher Psychologie, Gestalt-Therapie, reichianischer Körperarbeit und Metta-Vipassana-Meditation.

Probieren Sie am besten selbst aus, was Ihnen hilft, Ihre Schwierigkeiten zu lindern und zu verwandeln.

Der geistige Öffnungsprozess, den die Metta-Meditation bewirkt, spiegelt sich natürlich im körperlichen und psychischen Erleben. Erschöpfungszustände und Anspannung treten mehr in unser Bewusstsein und wollen verstanden und schrittweise aufgelöst werden. Wir werden durch die Meditation von körperlichen Fehlhaltungen und geistigen Verkrustungen befreit, die wir unbewusst jahrelang konservieren und die uns viel unnötige Kraft kosten. Ebenso scheinen wir plötzlich sensibler zu sein und stärker auf unsere Umwelt zu reagieren. Wir nehmen Gefühle wahr, die wir zuvor scheinbar nicht hatten. Das kann sogar beunruhigend und verunsichernd wirken, wenn man noch keinen vertrauten Umgang mit seinen eigenen Gefühlen hat. Denken Sie also bitte nicht, dass Sie keine Schwierigkeiten haben sollten.

Der Erfolg der Metta-Übung zeigt sich in seiner bereinigenden Wirkung. Die Probleme müssen erst einmal sichtbar werden, bevor wir sie aus dem Weg räumen können.

Empfindungen, Gefühle, Erfahrungen

Der Buddhismus lehrt, dass unser gesamtes Erleben eine Mischung aus sechs Sinneserfahrungen ist. Neben den uns bekannten fünf Sinnesfunktionen gilt der Geist als sechstes Sinnesorgan. Unsere Sinnesorgane können ebenso die äußere Welt wie die innere Welt wahrnehmen. Wir sehen, hören, riechen, schmecken und empfinden Berührungsreize, die von außen kommen. Im Körperinneren registriert der propriozeptive Tastsinn die Position der Gelenke, die Fülle des Darmes, das Dehnen des Zwerchfells, das Klopfen des Herzens, Hunger, wohliges Strömen in den Adern und vieles mehr.

Drei Bedingungen müssen zusammenkommen, damit wir überhaupt Erfahrungen machen können: ein Sinnesreiz muss auf ein Sinnesorgan treffen, wenn Sinnesbewusstsein anwesend ist. Ohne Sinnesbewusstsein nehmen wir nichts wahr, auch wenn Reize und Organe vorhanden sind.

Stellen Sie sich vor, Sie hören einen Vogel singen. Die Schallwellen sind der Sinnesreiz, der auf das Ohr (Sinnesorgan) in unserem Körper trifft. Ist zur gleichen Zeit Sinnesbewusstsein vorhanden, erleben wir Kontakt, das heißt die Berührung von Sinnesreiz mit Sinnesorgan und Sinnesbewusstsein – wir hören einen Vogel singen. Ist unser Bewusstsein aber völlig auf etwas anderes ausgerichtet, kann es sein, dass wir den Vogel vor unserem Fenster nicht hören, obwohl er lebhaft zwitschert.

Sinneswahrnehmungen laufen also nicht nur physiologisch ab. Sie haben auch geistige Begleiterscheinungen. Alles, was im Körper passiert, hat Resonanz im Geist. Körper und Geist sind untrennbar miteinander verbunden. Wir nehmen nur wahr, was uns vorstellbar erscheint, was also schon in unserem Bewusstsein angelegt ist. Erfahrung und Wahrnehmung bedingen sich gegenseitig. Wollen wir unsere Wahrnehmung verändern und erweitern, brauchen wir auch eine Erneuerung in unserem Bewusstsein. Bewusstseinsschulung ist Voraussetzung für eine Veränderung unserer Lebensgewohnheiten.

Jeder Sinnesreiz trifft uns auf unserer Empfangsskala entweder im Bereich angenehm oder unangenehm oder weder angenehm noch unangenehm, das heißt neutral. Diese Einstufung geschieht automatisch, sie ist praktisch biologisch gegeben.

Persönlich fügen wir nun eine innere Bewegung hinzu. Wir reagieren auf das Gefühl angenehm mit dem Wunsch »mehr davon!«, dem unangenehmen Gefühl entgegnen wir »weg damit!«, und das neutrale Gefühl interessiert uns nicht. Ganz gleich, ob die Empfindung angenehm oder unangenehm ist, wenn wir darauf mit Gier oder Aversion reagieren, sitzen wir fest, dann sind wir nicht mehr frei in unserer Antwort auf den Sinnesreiz.

Es ist also nicht das äußere Ereignis als solches unangenehm, sondern unsere innere Antwort auf das Geschehen bringt uns in Bedrängnis. Leiden entsteht, wenn wir uns zwischen Reiz und Reaktion eingeklemmt fühlen. Je wacher wir sind in unserer inneren Antwort, je mehr Bewusstsein wir hier einbringen, desto freier fühlen wir uns. Wir können dann wählen, wie wir mit einem gegebenen Reiz umgehen. Das unangenehme Gefühl bleibt weiterhin unangenehm, aber wir belasten es nicht zusätzlich mit Aversion.

Ein wesentlicher Teil unseres Leidens entsteht aus dem Aufbegehren gegen die innere Empfindung, also gegen unsere ureigene Antwort auf Erfahrungen, die wir machen. An dieser Stelle kann man sich leicht im Kreis drehen und verzweifeln. Man fühlt sich als Opfer, obwohl niemand anders als wir selbst die Erfahrung einordnet und beurteilt. Aus dieser Sicht können wir uns aber auch befreien, indem wir den Zwang auflösen, auf eine bestimmte Weise reagieren zu müssen. Die Fähigkeit, im Fluss mit unseren inneren Kräften zu sein, hängt direkt mit der Fähigkeit zusammen, in akzeptierendem Kontakt mit unseren Empfindungen und Gefühlen zu sein und keinen Handlungszwängen zu unterliegen. All unser Üben besteht darin, angesichts unterschiedlichster Empfindungen unser inneres Gleichgewicht zu wahren und alle Emotionen und Empfindungen zu akzeptieren, ohne der Reaktion zu verfallen. Damit ist nicht gesagt, dass wir wie Schafe alles hinnehmen sollen. In manchen Situationen ist Aufbegehren unbedingt nötig. Wir werden dann bereit sein zu leiden, weil das Nicht-Aufbegehren größeres Leid bedeuten würde. Sobald wir nicht zu unbewussten Reaktionen gezwungen sind, entsteht Freiheit, und es gibt auch eine Freiheit, sich für das Leiden zu entscheiden, weil man es nicht ablehnt und ethische Gründe dafür sprechen. »Hätten Sie mich mit Eiern beworfen, wäre mir das auch egal gewesen«, sagte die Politikerin Regine Hildebrandt, nachdem sie vor einer großen Volksmenge eine sehr unpopuläre Meinung äußerte. »Das musste einfach gesagt werden.«

Vielen Erwachsenen ist die Welt der Gefühle und inneren Empfindungen weitgehend unbekannt. Sie bekommen Angst, wenn starke Gefühle sie ergreifen, wenn der Körper sich auf unverständliche Weise meldet. Ungewohnte körperliche Empfindungen werden leicht als »nicht in Ordnung – wahrscheinlich krank« gedeutet, und starke Gefühle wirken oft beängstigend, sogar überwältigend und sollen so schnell wie möglich vorübergehen. Menschen der heutigen Zeit, deren ganze Wahrnehmung nach außen gerichtet ist, fühlen sich von inneren Mächten abhängig, auf die sie keinen Einfluss haben, sie erleben sich als Spielball ihrer Gefühle und Stimmungen. Die Erfahrungen im Inneren können nicht benannt werden und deshalb können sie auch nicht zu Eigen gemacht werden. Die Sprache fehlt als formgebendes Element. Erst wenn ich beschreiben kann, was in mir vor sich geht, finde ich Ansatzpunkte, um meine Erfahrung zu besitzen und zu verwandeln. Das alles erkennen und analysieren zu können braucht viel Achtsamkeit, viel stille Zeit des Hineinhorchens in das innerste Selbst. Die meditative Übung ist dafür unerlässlich.

Über den Umgang mit körperlichem Schmerz in der Meditation

Lebendige Organismen reagieren auf drohende Verletzung und auf Schmerz mit Rückzug. Sie versuchen ihr Leben zu retten. Die biologische Antwort auf das Warnsignal Schmerz ist Kontraktion, Zusammenziehen. Das können wir bei den einfachsten Amöben ebenso beobachten wie bei uns selbst. In unserem Körper spüren wir die Reaktion in den Muskeln. Bei psychischer und physischer Bedrohung spannt sich unsere Muskulatur an. Gleichzeitig mit der Muskelanspannung erfolgt auch eine geistige Reaktion. Der Herzgeist wird in seiner Offenheit eingegrenzt, er kann nicht mehr frei pulsieren. Der Gedankenfluss ist gehemmt. Die Wachheit wird eingeschränkt. Mit Kontraktion verbinden wir automatisch unangenehme Gefühle, meist Schmerz und Angst, die uns oft auch am klaren Denken hindern.

Wir haben im Körper fast 800 Muskeln, die so konstruiert sind, dass sie sich zusammenziehen und entspannen können. Der Muskeltonus vermittelt uns, wie weit sich der Muskel willkürlich anspannen und entspannen kann. Wenn wir in der Lage sind, einen Muskel anzuspannen und danach wieder vollständig zu entspannen, ist der Tonus sehr gering. Spannen wir aber an und können danach den Muskel nicht vollständig loslassen, ist der Tonus der verbliebenen Spannung entsprechend hoch. Ein gespannter Muskel verbraucht Energie, ein entspannter Muskel verbraucht keine.

Im Laufe unseres Lebens sammeln sich in den Muskeln unsere Verletzungen und Stresserfahrungen in Form von überflüssig gehaltener Spannung. Wiederholte Verletzungen, immer wiederkehrende Stress- oder Schmerzreize werden auf diese Weise abgekapselt, damit der Körper durch den Reiz nicht ständig gefordert wird. Er könnte sonst seine alltäglichen, wichtigeren

Aufgaben immer schwerer erfüllen. Bedrohungen, mit denen wir Tag für Tag leben müssen, prägen sich im Muskelsystem ein und führen zu dauerhafter Spannung. Der kontinuierliche Schmerzreiz wird auf eine unbewusste Ebene verlagert, praktisch »vergessen«. Die ständig angespannten Muskeln werden nicht mehr gespürt, wir bemerken nur, dass wir viele Muskeln eben nicht mehr unserem Willen entsprechend bewegen und loslassen können. Da der Körper ein fein aufeinander abgestimmtes System ist, gibt es Kettenreaktionen. Ein verspannter Muskel führt zu Fehlhaltungen, zu Atemeinschränkung, zu Durchblutungsstörungen und Nervenreizung, je nachdem in welchem Funktionsbereich die Verspannung eintritt.

Wilhelm Reich sprach bei diesen dauerhaften Verspannungen von einem Muskelpanzer, einem Korsett von Muskulatur aus Knoten, Härte und verkürzten Muskeln, das sich aus Lebenserfahrungen herausgebildet hat. Der Muskelpanzer verbraucht ständig Energie (vergleichbar mit der Stand-by-Position von Elektro-Geräten) und spiegelt zugleich unsere individuellen Schutzbedürfnisse.

In Zeiten intensiver Meditationspraxis wächst durch die zunehmende Konzentration auch unsere Sensibilität. Vergessene Schmerzen kehren ins Bewusstsein zurück. Man fühlt sich oft sehr erschöpft, weil man plötzlich spürt, wie viel Energie auf der unbewussten Ebene verbraucht wird. Das unangenehme Muskelkorsett möchte man am liebsten abschütteln. Die Unfähigkeit, den Körper einfach zu ändern, schafft zusätzliche Frustration. Wir erleben sehr deutlich, dass wir nicht Herrscher sind im eigenen Haus, dass es anderer Dimensionen des Einfühlens und Nachspürens bedarf, um Muskeln loszulassen und den Körper zu heilen.

Wenn wir der Weisheit unseres Körpers vertrauen, wird es zu einem intuitiven Prozess des Loslassens und der Heilung kommen.

In einem intensiven Meditationsretreat habe ich einmal sehr ungewohnte Schmerzen in den Oberarmen gespürt. Man hätte denken können, dass mir stundenlange Gartenarbeit in den Muskeln steckte, doch ich hatte seit Wochen keinerlei körperliche Anstrengung mit den Armen vollbracht. Als ich meine Aufmerksamkeit auf diesen Schmerz konzentrierte, fühlte es sich an, als wäre ich mit Gurten festgeschnallt. Zu den Schmerzen in den Armen gesellten sich Schluckbeschwerden, ein Brennen im Hals und vor meinem inneren Auge tauchte das Bild eines Mannes auf, der sich über mich beugte und damit beschäftigt war, mir meine Mandeln herauszuoperieren. Im Alter von sieben Jahren hatte ich vor meiner Mandeloperation eine Vollnarkose bekommen. Jetzt schien auf einmal in mein Bewusstsein zu treten, was während der Narkose im Körper gespeichert worden war. Mit Staunen bemerkte ich, wie sich die Schmerzen in den Armen durch die klare Erinnerung lösten.

Meditation verwandelt zwangsläufig unser Verhältnis zum Schmerz. Wer versucht, in einem Meditationskurs mehrere Stunden am Tag schweigend still zu sitzen, wird sicher mit einigen unangenehmen Körpergefühlen und Schmerzen konfrontiert. Meditieren lernen wir nur, wenn wir nicht vor jeder Unannehmlichkeit weglaufen. Wir bleiben sitzen und betrachten die eigenen Gegenreaktionen. Wir erkennen, dass viele Körperempfindungen sich dauernd wandeln und dass wir nicht krank sind, wenn wir etwas im Körper spüren. Manche Spannungen sind bedeutungslos, andere wieder öffnen für uns die Tür zu unbekannten Tiefen.

Nur regelmäßige, liebevolle Auseinandersetzung mit den Schmerzreaktionen im eigenen Körper lehrt uns, welche Bedeutung Schmerz in unserem Leben hat. Der Umgang mit den in der Meditation auftauchenden Schmerzen kann unser Leben verwandeln. Rumi sagt:

Schmerz taucht auf, wenn wir nach innen gehen,
Und dieser Schmerz veranlasst uns, den Schleier zu lüften.

Gelingt es uns, in der Meditation die Erinnerung an die Situation freizulegen, in der die Schmerzerfahrung ursprünglich erfolgte, wird der Impuls, der den Muskel anspannt, auch gelöst – es kommt zur Entspannung, zur Auflösung des Schmerzes. Oft tauchen in der Meditation Schmerzen auf, die Tage, Wochen, sogar Monate verständnisvoller Wahrnehmung brauchen, bis die psychischen Wurzeln der Verknotungen freigelegt und gelöst sind. Mit gewährendem, sich nicht einmischendem Annehmen unterstützen wir die kontrahierten Muskeln im Loslassen. Gleichzeitig wird sich vielleicht auch auf der psychischen Ebene eine Lösung zeigen; wir weinen, wir werden wütend, wir spüren unterdrückte Empfindungen, die wir ins Unbewusste verdrängt hatten. So kann unser Muskelpanzer wieder weicher und durchlässiger werden.

Nach meinem ersten langen Schweigekurs hatte ich über ein Jahr lang Atemprobleme. Es hatte sich ein Atemmuster entwickelt, bei dem ich ständig das Zwerchfell so sehr verspannte, dass ich nicht ganz ausatmen konnte. Dadurch entstand ein Gefühl von Atemnot, das sehr unangenehm war. Ich brauchte meine ganze Achtsamkeit und Bewusstheit, um das automatische Atmungsverhalten allmählich zu verwandeln. In Zeiten der Atemnot versuchte ich, bewusst bis zum Ende auszuatmen, denn die Lungen nehmen nur so viel Luft auf, wie sie abgeben. Atemnot reguliert sich nicht über den verzweifelten Versuch, noch mehr einzuatmen, sondern über loslassen und vertrauen, also vollständiges ausatmen. Geschehenlassen, nicht Tun führt hier zum Ziel. Der Körper lehrt uns auf diese Weise die Kunst des Loslassens.

Haben Sie schon einmal beobachtet, wie Sie sich beim Zahnarzt verhalten, wenn der Bohrer auf Sie zukommt? Die meisten verkrampfen sich schon vorher, machen sich steif im Hinblick auf den erwarteten Schmerz, spüren vielleicht sogar schon Schmerz, bevor tatsächlich gebohrt wird. Das ist unsinniger Schmerz, der aus negativer Erwartung erwächst. Er wird im Geist produziert und müsste nicht sein, wenn man geistig nicht so »verbohrt« wäre. Beim Zahnarzt kann man wunderbar studieren, wie die tatsächliche Schmerzerfahrung sich von unseren Gedanken und Gefühlen über den Schmerz unterscheidet. Auch ein vergleichsweise kleiner Schmerz kann durch hochgradigen Widerstand starkes Leiden hervorrufen. Wenn der Geist entsetzt über den Schmerz voller Beunruhigung reagiert, wenn wir aufgeregt, nervös, reizbar werden, wirkt dies auf den Körper zurück, und um den ursprünglichen Schmerz baut sich sekundäre Spannung auf. Manche interpretieren Schmerz auch als Strafe, als Verurteilung, böses Zeichen oder persönliche Entwertung. Dadurch wird dem ursprünglichen Schmerz ebenfalls zusätzliche Last aufgelegt. Wenn es dagegen gelingt, Schmerz anzunehmen und von geistigen Verkrustungen zu befreien, muss er nicht von zusätzlichem, unnötigem Leiden begleitet sein. Obwohl die meisten Menschen denken, Schmerz sei identisch mit Leiden, muss Schmerz nicht Leid bedeuten. Spitzensportler sind zum Beispiel durchaus bereit, viel Schmerz auf sich zu nehmen, ohne darunter zu leiden, weil sie die unangenehmen Empfindungen akzeptieren.

Wenn wir dem Schmerz keinen Widerstand leisten, wenn wir ihn nicht kontrollieren wollen, können wir tatsächlich spüren, dass ein großer Teil des Leidens am Schmerz dem Widerstand gegen den Schmerz entspringt. Der Widerstand sagt: »Schon wieder dieser Schmerz. Ich kann ihn nicht leiden. Ich hasse ihn. Wird er denn nie aufhören?« Oder er sagt: »Das kenne ich schon, das hat mein Vater, meine Mutter auch so gehabt. Wenn es hier anfängt, geht es da weiter, in zwei Stunden habe ich eine fürchterliche Migräne oder Magenkrämpfe. Wenn dieser Schmerz andauert, kann ich doch nicht meditieren. Das macht keinen Spaß.« Wenn sich aber die Marathonläuferin sagt, bei Kilometer 21 kommt immer diese schmerzhafte Muskelverkrampfung, damit arbeite ich und außerdem geht sie bald vorüber, dann ist der Schmerz für sie handhabbar und verliert seinen negativen Einfluss.

Das Schmerzempfinden ist sehr individuell geprägt, doch es gibt auch Schmerzen, die für jeden von uns unerträglich sind. Der Schmerz, über den ich hier spreche, betrifft den Bereich des »erträglichen Schmerzes«.

Der Widerstand gegen Schmerz spielt sich im geistigen, im psychischen Raum ab. Wenn der Widerstand herausgefiltert wird, können wir viel eher den Schmerz empfinden, ohne darunter zu leiden. Manche Menschen sind so sehr damit beschäftigt, gegen den Schmerz zu kämpfen, dass sie gar nicht erkennen, wie sehr sie die einfache Wahrnehmung ihres Schmerzes bisher vermieden haben. Dieser Schmerz hat gar keine Chance, bewältigt zu werden, weil er hinter Mauern des Widerstands eingeschlossen ist und dort bewahrt wird. Aus Angst vor dem Schmerz ist man auf ihn fixiert. So wird das Vermeidenwollen den Schmerz tatsächlich verstärken, und das Leiden kann kein Ende haben.

Wenn wir lernen, den oft unbewussten Widerstand gegen den Schmerz aufzugeben, bedeutet das nicht, dass wir die Ursachen des Schmerzes jederzeit bedingungslos akzeptieren müssen. Im Gegenteil – Heilung wird sogar eher möglich, wenn wir die Energie, die im Widerstand verbraucht wird, für das Forschen nach den Ursachen des Schmerzes einsetzen.

Noch schwieriger als der Umgang mit Schmerz kann der Umgang mit lustvollen Empfindungen sein. Mit angenehmen Gefühlen expandieren wir, bei unangenehmen zieht sich unser System zusammen. Offenbar kann Expansion ebenso bedrohlich erlebt werden wie Kontraktion. Immer wenn unser alltäglicher Erfahrungshorizont gesprengt wird, wenn unsere gewohnten Grenzen überschritten werden, spüren wir Gefahr und verstärken die Abwehr. Wir haben Angst vor dem Unbekannten, ganz gleich ob es lustvoll oder schmerzhaft ist. Wir fürchten, die Kontrolle zu verlieren. Und weil wir erprobter sind im Umgang mit Schmerz und Leid, weil sich unsere Aufmerksamkeit immer wieder zum Leiden hin richtet, fällt es den meisten Menschen leichter, Schmerz anzunehmen, als sich für lustvolle Empfindungen zu öffnen. Schmerz und Lust markieren aber das Spektrum unserer Empfindungsfähigkeit und Lebendigkeit. Wir können und wollen nicht darauf verzichten, wir müssen uns mit beiden Polen auseinander setzen und vertraut machen, denn in diesen Gefühlen finden wir die intime Nähe zu uns selbst. Unser Schmerz und unsere Lust sind einzigartig und unvergleichbar. »In die größte Einsamkeit wirft der Schmerz das Selbst, in der es allein ist mit ihm, denn mit einem Anderen die Lust zu teilen ist leicht, den Schmerz zu teilen aber unmöglich.«[22] Wir werden nie wissen, wie ein anderer Mensch Schmerz empfindet und verarbeitet. Wir können uns nur einfühlen und vermuten. Letztlich bleiben wir allein mit unseren inneren Empfindungen, schmerzlich getrennt von allen anderen Körpern.

Über den Umgang mit psychischem Leid in der Meditation

Nachdem wir uns mit dem Leiden im physischen Prozess beschäftigt haben, wenden wir uns nun dem psychischen Leiden zu, das den gleichen energetischen Gesetzen gehorcht wie körperliches Leiden. Auch im psychischen Bereich erfolgt Ausdehnung (Expansion) aufgrund angenehmer Empfindungen und Kontraktion als Reaktion auf unangenehme Erfahrungen. Leiden im Gefühlsbereich wird in der buddhistischen Psychologie als unerfülltes Verlangen nach angenehmen Empfindungen gedeutet. Auch psychisches Leid wird durch die Intensität des Widerstands gesteigert.

Gefühle sind der rote Faden zu unserer inneren Wahrheit. Im Alltag reißen uns manche Gefühle wie Stürme mit. Jemand sagt ein falsches Wort, und wir brausen auf, unser Selbstwertgefühl schwindet, Bitterkeit erfüllt uns. Wenn wir aufgeregt, verwirrt oder verzweifelt sind, brauchen wir die Fähigkeit, in uns hineinzuhören, tief zu atmen und zu fragen: Welcher Konflikt zeigt sich hier? Was möchten meine Gefühle kommunizieren? Was will geheilt werden?

Ein Mann erzählte mir nach einer geführten Metta-Meditation, dass er sich so eingenebelt fühle, dass ihm der klare Kontakt zur Welt fehle.

»Dieser Nebel fühlt sich an wie ein Harnisch! Als wollte ich mich dahinter verstecken!«

Ich schlug ihm vor, den Harnisch deutlicher zu spüren.

»Darunter spüre ich ein Grollen, unter den Rippen regte sich etwas und meine rechte Hand schläft jetzt ein.«

»Wenn die Hand sprechen könnte, was würde die Hand sagen?«, wollte ich wissen.

Er hob seine geballte Faust und murmelte: »Völker höret die Signale.«

Kaum hatte er den Satz ausgesprochen, erinnerte er sich, wie er im Alter von zehn Jahren vom Vater verdroschen worden war und sich geschworen hatte, nie mehr zu weinen. In seiner Faust zuckte es. Er sah sich jetzt an Kerkerwände trommeln, aufbegehren und zusammensacken, immer wieder aufbegehren und zusammensacken. Er pendelte zwischen diesen beiden Polen. Das Aufbegehren erlebte er im ganzen Körper, da fühlte er sich stark und präsent, die Ohnmacht aber wollte er auf keinen Fall spüren. »Ich beziehe all meine persönliche Stärke aus dem Aufbegehren«, erkannte er.

Sehr widerstrebend tastete er sich unter meiner Führung an das Empfinden der Ohnmacht heran; der Impuls, schreiend wegzurennen, war enorm stark. Doch noch stärker war seine Sehnsucht, wieder weinen zu können und die inzwischen überlebten Verbote loszulassen.

»Du gibst der Ohnmacht Energie durch deinen Widerstand«, vermutete ich, »schau dich mal um, du bist ein erwachsener, starker Mann, das Gefühl der Ohnmacht gehört zu einer Zeit in deinem Leben, die längst vergangen ist. Wenn du dir jetzt erlaubst, dich ohnmächtig zu fühlen, heißt das noch lange nicht, dass du jetzt auch tatsächlich ohnmächtig bist – im Gegenteil. Du wirst freier und stärker werden, je mehr du die Schwächegefühle zulassen kannst.«

Diese Einsicht wirkte erleichternd. Die Identifikation mit dem Gefühl der Ohnmacht bekam einen Riss. Die nächste Meditationssitzung konnte beginnen.

Jeder von uns hat eine Palette von Gefühlen, die er nicht leiden kann und nicht haben möchte, Gefühle, mit denen sich unangenehme Erinnerungen, ungelöste Konflikte verbinden. Sie ergreifen uns mehr, als uns lieb ist, sie scheinen nicht kontrollierbar.

Wir fühlen uns überwältigt, verschwinden in der Identifikation hinter oder unter dem Gefühl, von uns bleibt nichts übrig, das Innere ist überschwemmt, es wird kein Raum erkennbar, in dem wir noch frei atmen und überleben können. Manchmal fühlen wir uns auch gereizt von etwas Unsichtbarem, etwas Unbekanntes in uns bedroht, belauert, beeinträchtigt uns. Schwierig sind Gefühle, die unser körperliches und seelisches Wohl bedrängen, Gefühle, die uns in Richtungen lenken, die mit dem Verstand nicht in Übereinstimmung sind. Besonders Emotionen, die in unbewussten Tiefen brodeln, haben oft starken Einfluss auf unsere Wahrnehmungen und Handlungen. Die Kette der Gefühlsreaktionen beginnt lange bevor wir sie bewusst wahrnehmen. Aus Wut, Furcht oder Ärger, auch aus Lust und Gier tun wir Dinge, die wir später bedauern.

Gefühle haben einen starken Einfluss auf unser Leben. Wenn es uns innerlich schlecht geht, haben wir keine Freude am Leben, wenn wir aber erfüllt sind von angenehmen Gefühlen, darf die Außenwelt sein, wie sie will – sie stört uns nicht. Unser Erleben der inneren Welt bestimmt das Erleben der äußeren Welt. Je besser wir unsere Gefühlswelt kennen, desto sicherer werden wir auch in anderen Menschen erkennen können, wie es ihnen gerade geht. Unsere Beziehungen werden verständnisvoller, es ist mehr Nähe möglich. Guter, lebendiger Kontakt zu den eigenen Gefühlen ist eine unabdingbare Voraussetzung für ein gesundes soziales Leben.

Wenn wir lernen, auf die Signale unseres Körpers zu hören, kommen wir auch den Gefühlsempfindungen immer näher. Der Körper kommuniziert eindeutig. Er kann nicht lügen. Während im Geist Vermutungen und Phantasien zu bestimmten Gefühlen hinzukommen, sagt der Körper: So fühle ich mich in diesem Moment – das ist meine Wahrheit. Deshalb ist es sinnvoll, in der meditativen Wahrnehmung immer die Verbindung zum körperlichen Empfinden zu wahren. Auch wenn man nicht gleich einen Namen oder eine Diagnose für das Geschehen im Körper hat – es genügt, sich tastend einzufühlen und verstehen zu wollen. Oft wird die Empfindung dadurch prägnanter, man spürt, wie der Atem sich verändert, vielleicht taucht ein Bild auf, vielleicht ein Begriff. Dazu kommt ein Gefühlston, ein Empfindungston. Durch inneres Hören, Schauen und Benennen wird unsere Erfahrung immer greifbarer. Wir bekommen die Lösungen geschenkt, wenn wir uns für sie öffnen. Rumi sagt: »Jedes Gefühl hat einen Ursprung und einen Schlüssel, der den Zugang öffnen kann.«

Die individuelle Erfahrung unserer Gefühle kann sich von Augenblick zu Augenblick wandeln. Wir müssen immer offen bleiben für das Unerwartete. Ein Knoten im Bauch ist nicht immer ein Zeichen für verschluckten Ärger, er kann bei genauem Hinspüren vielerlei bedeuten. Durch die Metta-Meditation wird uns klar, was wir wahrnehmen und wie wir diese Wahrnehmung verweigern und bekämpfen. Indem wir keine Konzepte und Vorstellungen über unsere Empfindungen pfropfen, sondern geduldig warten, was hinter dem schwierigen Gefühl verborgen liegt, entblättert es sich langsam. Aus dem Knoten im Bauch tauchen Bilder auf, die Bilder wecken neue Gefühle, die wiederum verstärken den Knoten im Bauch, der allmählich Übelkeit verursacht und uns erinnert, was wir gestern unbewusst heruntergeschluckt haben, als wir zu schnell unser Einverständnis gegeben haben. Sobald sich die Lösung offenbart, schwindet das Symptom. So bemerken wir, dass wir den richtigen Weg gegangen sind. Es braucht jedoch einiges an Meditationserfahrung, um vor Furcht und Aufregung nicht wegzulaufen, sondern sie als Räume in Körper und Geist zu erkunden und geduldig in diesen Räumen zu verweilen.

In der Fähigkeit, unsere eigene authentische Antwort auf starke Gefühlsregungen zu wählen, liegt unsere Freiheit. Wir können starke Gefühle haben und trotzdem weise handeln. Je weiter wir auf unserem inneren Weg vorangekommen sind, desto größer ist der bewusste innere Behälter für intensive Gefühle. Trotz hoher Gefühlsspannung können wir dann auf der muskulären Ebene entspannt bleiben.

ÜBUNG

Meditationsanleitung zum Umgang mit körperlichem Schmerz

Sie können diese geführte Meditation in jeder Körperhaltung machen – also auch im Liegen, besonders wenn Sie Schmerzen haben. Spüren Sie mit geschlossenen Augen, lesen Sie die nächste Anweisung, dann forschen Sie erneut im Körper weiter. Nehmen Sie sich etwa eine halbe Stunde Zeit dafür. Wenn Sie keinen Schmerz verspüren, aber Ihr Verhältnis zum Schmerz erkunden möchten, können Sie den Schmerz ersetzen durch einen Bereich im Körper, den Sie willentlich anspannen. Sie können eine Faust machen oder den Kiefer anspannen und die Zähne zusammenbeißen. Lassen Sie die Spannung zwischendrin los und holen Sie sie wieder herbei, damit Sie die Übung besser nachvollziehen zu können.

Richten Sie sich warm und gemütlich ein und lenken Sie Ihre Aufmerksamkeit auf einen schmerzhaften Bereich im Körper. Nehmen Sie den angespannten oder schmerzhaften Bereich deutlich wahr: Welche Form hat er, wie wird er begrenzt, welchen Raum nimmt er ein, ist er rund, dreieckig, ein Kubus, eher flach, lang gestreckt?

Womit ist der Schmerz gefüllt, mit Stechen, Prickeln, Pulsieren, Hitze, Kälte, Krampf? Gibt es ein Zentrum, eine äußerste Entfernung vom Zentrum des Schmerzes? Hat er eine bestimmte Konsistenz, ist er flüssig, hart, bröselig?

Wie empfinden Sie die Grenzen des Schmerzbereiches, sind die Grenzen scharf, porös, zerfließend? Wirkt sich dieser

Schmerz auf den weiteren Körper aus, ist er eher isoliert? Markieren Sie innerlich das Zentrum des Schmerzes und seine Umrisse, zeichnen Sie den Raum innerlich nach, den der Schmerz einnimmt.

Ändert sich der Schmerz, wenn Sie die Aufmerksamkeit dorthin richten? Wird er stärker, schwächer, vibrierend, pulsierend?

Senden Sie Ihren Atem zu dem Schmerz, stellen Sie sich vor, dass er mit dem Ausatmen abfließen kann.

Welche Haltung nehmen Sie zum Schmerz ein? Wünschen Sie, die Spannungen oder Schmerzen wären nicht da? Können sie die Empfindungen mit Interesse betrachten, akzeptieren?

Fügen Sie der Kontraktion, die durch den Schmerz ausgelöst wird, keine Aversion hinzu. Beurteilen Sie das Zusammenziehen nicht negativ. Filtern Sie das Wort »unangenehm« aus dem Verhältnis zum Schmerz heraus und signalisieren Sie Ihre Bereitschaft, sich anzufreunden. Reagieren Sie nicht mehr aversiv auf den Schmerz.

Wenn Sie jetzt deutlich die Umrisse, das Zentrum, das Volumen des Schmerzes und Ihre Haltung zu ihm fühlen, begrüßen Sie ihn etwa so: »Hallo, lieber Freund, dich kenne ich doch schon, komm setz dich, wir wollen uns ein bisschen unterhalten und mehr verstehen voneinander.«

Mit dieser Einladung vergrößern Sie den Raum um den Schmerz herum, erlauben Sie, dass der Schmerz sich ausbreitet. Lassen Sie sich aber vom Schmerz nicht überwältigen, versuchen Sie, sich schrittweise den unangenehmen Gefühlen anzunähern und Raum für sie zu machen.

Fragen Sie: »Was braucht der Schmerz, um zu heilen? Was brauche ich, was braucht es, um diesen Schmerz akzeptieren zu können?« Was würden Sie in dieser Situation als wohltuend empfinden?

Benennen Sie alle Aspekte von Leid und Schmerz deutlich, ohne sich damit zu identifizieren. Denken Sie nicht »mein« Schmerz. Machen Sie sich stattdessen so weit, dass Leid und Schmerz ungehindert durch Sie hindurchziehen können.

Entwickeln Sie Mitgefühl für sich selbst: »Möge es dir gelingen, entspannt mit dem Schmerz umzugehen. Ich kann wohl nachfühlen, dass das keine einfache Aufgabe ist.« – Oder sagen Sie zu sich selbst: »Mich kümmert mein Schmerz.« Oder: »Möge dieser Schmerz bald Heilung finden.«

Erinnern Sie sich noch einmal an den Anfang dieser geführten Schmerz-Meditation. Was war hilfreich? Hat sich irgendetwas für Sie verändert? Gibt es etwas, das Sie sich merken möchten? Können Sie nachvollziehen, dass Schmerz nicht Leid bedeuten muss und dass ein Teil der Schmerzerfahrung bedingt ist durch den Widerstand dagegen?

Spüren Sie abschließend den ganzen Körper, die Wärme und Bewegung im Körper, die Auflage- oder Kontaktflächen und finden Sie einen Ort im Körper, wo Sie sich wohlfühlen und zum Ausklang noch etwas verweilen möchten.

Meditationsanleitung zum Umgang mit schwierigen Gefühlen

Sie können auch diese geführte Meditation in jeder Körperhaltung machen. Spüren Sie mit geschlossenen Augen in sich hinein, lesen Sie die nächste Anweisung, dann forschen Sie erneut im Körper weiter. Nehmen Sie sich etwa eine halbe Stunde Zeit dafür.

Richten Sie sich warm und gemütlich ein und lenken Sie Ihre Aufmerksamkeit nach Innen. Gibt es eine Emotion, die im Moment klar im Vordergrund steht? Können Sie diese Emotion mit Empfindungen im Körper verknüpfen? Welche Bereiche des Körpers sind davon angesprochen?

Spüren Sie das (schwierige) Gefühl so genau und differenziert wie möglich im Körper. Welchen Raum nimmt das Gefühl im Körper ein? Welche Konsistenz, welches Volumen ist erkennbar? Bewegt sich das Gefühl, hat es eine Fließrichtung, können Sie eine Quelle erkennen, ein Zentrum, aus dem das Gefühl hervorsprudelt? Kehren Sie zwischen den folgenden Schritten immer wieder zu den Körperempfindungen zurück. Verankern Sie Ihr Gefühl im Körper.

Prüfen Sie nun, was im Geist passiert. Welche Gedanken, welche wiederkehrenden Vorstellungen, Gespräche, Satzfolgen, Worte gehören zu diesem Gefühl?

Benennen Sie alle Wahrnehmungen in Körper und Geist, finden Sie Namen dafür, auch Bilder, Symbole und Vergleiche (welcher Geschmack, welche Farbe). Die Sprache hilft uns sehr, unser Selbst-Gewahrsein zu klären.

Lassen Sie das Gefühl sprechen, geben Sie ihm Raum, Zeit und Geduld. Nicht vor dem Gefühl weglaufen! Stellen Sie sich vor, mit einem schwierigen Besucher in einem Zimmer zu sitzen, nehmen Sie eine bequeme Position ein, bleiben Sie innerlich entspannt und auch bereit zu verstehen, wozu das Gefühl motiviert. Bewahren Sie genügend Abstand und bitten Sie das Gefühl, einen klaren Satz zu sagen. Wenn das Gefühl sprechen könnte, was würde es dann sagen?

Was würde die Liebe dem Gefühl antworten? Was wird gebraucht, um die gegenwärtige Gefühlssituation zu akzeptieren? Können Sie dankbar sein für diesen Ausdruck von Lebendigkeit, den das Gefühl repräsentiert.

Entwickeln Sie Mitgefühl für sich selbst: »Möge es dir gelingen, dieses Gefühl zu akzeptieren. Oder sagen Sie zu sich selbst: »Mich kümmert mein Schmerz.« Oder: »Möge dieser Kummer bald Heilung finden.«

Erinnern Sie sich noch einmal an den Anfang dieser Meditation. Hat sich irgendetwas für Sie verändert? Gibt es etwas, das Sie sich merken möchten?

Spüren Sie abschließend den ganzen Körper, die Wärme und Bewegung im Körper, die Auflage- oder Kontaktflächen und finden Sie einen Ort im Körper, wo Sie sich wohlfühlen und zum Ausklang noch etwas verweilen möchten.

Loslassen

Loslassen ist Voraussetzung dafür, in der Gegenwart zu leben und sich dem Fluss der Erfahrung hingeben zu können.

Alle spirituellen Wege führen auf den Berg der Liebe, und der Gipfel dieses Berges heißt Loslassen. Jede Praxis der Liebe ist auch eine Praxis der Hingabe. Lieben und Loslassen sind nicht voneinander zu trennen, sie sind der Boden, auf dem all die wunderbaren und auch schwierigen Erfahrungen wachsen, von denen bisher die Rede war. Die Metta-Praxis findet ihren Höhepunkt und ihre Reife in der Kunst des Loslassens.

Loslassen ist Voraussetzung dafür, in der Gegenwart zu leben und sich dem Fluss der Erfahrung hingeben zu können. Erfülltes, vollständiges Leben fließt wie Wasser von Moment zu Moment. Wer sich einen frischen Geist bewahren möchte, kann nicht in der Vergangenheit festkleben. Alles Neue braucht unser Interesse und unsere Beweglichkeit. Loslassen entsteht im Geist und ist zuerst eine Absicht, ein Gedanke, die Bereitschaft, Vergangenheit und Zukunft nicht zu formen, sondern konsequent auf das Gegenwärtige ausgerichtet zu sein und in der Erfahrung dieses Augenblicks zu verweilen.

Was Loslassen bedeutet, können wir uns vergegenwärtigen, wenn wir das Gegenteil erfahren, wenn wir einmal demonstrativ festhalten in Körper und Geist. Was spüren wir dann? Zwang, Starre, Unbeweglichkeit, Spannung, Enge, Atemlosigkeit. Nicht loslassen können äußert sich in Schlaflosigkeit, in Sorge, zwanghaftem Grübeln, in Furcht und dem Anklammern an Glaubenssysteme.

Wenn wir die willentlich angespannten Muskeln wieder loslassen, erleben wir Entspannung, wir werden beweglich mit dem Loslassen, wir atmen auf. Im Herzgeist loslassen heißt sich öffnen, Raum und Zeit geben, weich und aufmerksam sein.

Allzu leicht wird Loslassen verwechselt mit Loswerden-Wollen. Der Irrglaube, dass man etwas tun müsse, um loszulassen, bringt den Willen in Bewegung und aktiviert die Muskulatur. Mit dem Wollen ist immer eine Kontraktion, ein Ergreifen und Umklammern verbunden. Kontraktion und gleichzeitiges Loslassen ist jedoch nicht möglich. Man kann sich nicht zum Loslassen, zum Entspannen zwingen. Man kann nur die Bedingungen dafür schaffen und sich selbst einladen, sich den Wunsch zuflüstern: »Möge es dir gelingen, dich zu entspannen, dich hinzugeben und loszulassen.« Danach heißt es abwarten und darauf vertrauen, dass Körper und Geist das Richtige tun.

Loslassen kann man nicht planen und nicht erzwingen, und doch gibt es viel darüber zu lernen. Das Wissen vom Loslassen sammeln wir im Leben, es ist ein Erfahrungswissen, das jeder für sich allein erwerben muss. Auch wenn unsere Großmutter ein hingebungsvolles Wesen hatte und uns damit viele wohltuende Erfahrungen geschenkt hat, können wir leider nicht dort beginnen, wo sie ihren Weg beendet hat. Große Artisten, Musikerinnen, Köche können sich wohl Kniffe berichten lassen und von anderen lernen, doch die gelungene Umsetzung, die Meisterschaft, muss jede Generation für sich neu erringen. So ist auch das Gelingen im Lieben und Loslassen jedem Einzelnen von uns ans Herz gelegt.

Alle Dimensionen des Loslassens haben gemeinsame Muster und finden ihren für uns sichtbaren Abschluss im Loslassen des

Körpers, im Sterben, das Tucholsky so umschrieben hat: »Sterben ist, wie wenn man einen Löffel aus dem Kleister zieht.« Für uns ist es wichtig zu erforschen, wo und wie wir uns dem Loslassen in den Weg stellen, ob wir den Kleister schon zu Lebzeiten verdünnen können, wie wir das immer wieder verhindern und aus welchen Gründen das geschieht.

Was sollten wir alles loslassen? Der Buddha gibt darauf eine klare Antwort: In erster Linie gilt es Glaubenssysteme und Verhaltensweisen loszulassen, die uns das Leben schwer machen, weil sie aus Unwissenheit, Habgier und Aversion entspringen. Wir erkennen sie daran, dass sie nicht in Übereinstimmungen stehen mit unserer tiefsten inneren Wahrheit, sondern uns in Verwirrung stürzen. Wir sollten uns zu befreien suchen von innerer Negativität, von Zwängen und Grausamkeiten, von Sucht und Rigidität, sollten innere Blockierungen auflösen sowie hinderliche Gewohnheiten und beengende Selbstbilder aufgeben. Unser Leiden an dem, was uns im alltäglichen Leben blockiert und unfrei macht, hat uns vielleicht zu der Metta-Übung geführt. Jetzt versuchen wir zu verstehen und zu verzeihen und die Kräfte des Guten in uns immer wieder zu betonen. Spiralenförmig windet sich der Weg den Berg der Liebe hoch, und wir haben inzwischen schon einigen Überblick gewonnen, wir haben bereits gelernt zu unterscheiden zwischen Geisteszuständen, die uns beglücken, und Geisteszuständen, die uns abstürzen lassen. Gelingt es uns auch, die Vorstellungen von Perfektion und Vollkommenheit, die Vorstellung von dem idealen Wesen, das wir gerne sein möchten, im Tal zurückzulassen?

Vorstellungen sind imaginäre Grenzen, die wir in unserem Bewusstseinsraum ziehen und die uns veranlassen, gewohnheitsmäßig innerhalb dieser Grenzen zu denken und zu handeln. Nichts nagelt uns mehr an Konvention und Vergangenheit fest als althergebrachte, unbewusst gepflegte Vorstellungen, Erwartungen und Meinungen. Sie schränken unsere Lebendigkeit erheblich ein. Sie machen den Geist starr und brüchig, steif und fest, sie beengen unsere Perspektive. Vorgefasste Meinungen wirken ähnlich wie Kalk, der sich mit den Jahren in unseren Adern ansammelt und unsere Flexibilität einschränkt. Eingeschliffene Reaktionen bedeuten auch begrenzte Verhaltensmöglichkeit. Je mehr Vorurteile wir ablegen können, desto lebendiger können wir assoziieren und intuitive Einsicht erfahren. Wie viele Möglichkeiten lasse ich zu, wie offen halte ich mich für widersprüchliche Erklärungen, wie sehr bin ich darauf angewiesen, dass andere meiner Meinung zustimmen? Geübtes Loslassen äußert sich in körperlicher und geistiger Beweglichkeit.

Ein Mönch fragt: »Was ist das Tao?«
Meister Ummon antwortet: »Geh weiter!«

Fragen stellen, Antwort suchen und nicht enttäuscht sein, wenn keine Antwort kommt, sondern die Frage neu stellen, aktualisieren, das heißt Loslassen, darauf vertrauen, dass wir getragen sind und geführt werden. Wir können unseren Lebensweg nicht kontrollieren, wir können auch nicht das Ideal erreichen, das unser Geist so hemmungslos definiert. Unser Lernen besteht darin, dem Leben Raum zu geben und uns selbst in aller Unvollkommenheit als Teil der Natur zu lieben. Wenn wir einen spirituellen Übungsweg beschreiten, möchten wir etwas in uns, in der Welt zur Erfüllung bringen. Können wir sehen, dass die Erfüllung nicht in der Perfektion liegt, sondern im Annehmen und Vergeben unserer Risse und Unvollkommenheit? Der urteilende, unterscheidende Geist, der von Erwartungen und Vorstellungen darüber geprägt ist, wie wir und das Leben zu sein haben, wird im Laufe unserer inneren Reise notwendigerweise abgeschliffen. Wir erkennen, dass unser Leiden darin begründet ist und unser Wohlergehen abhängt vom Lassen, vom Vereinen des Paradoxen in uns. So wachsen wir allmählich zu einem Ganzen heran. Wir werden heil, gesund, wenn auch nicht heilig, weil wir dafür immer noch einen langen Weg vor uns haben. Aber wir legen Bedingungen ab, um bedingungslos lieben zu können. Wir lassen uns und die anderen sein, wie wir, wie sie nun einmal sind.

Ich möchte an dieser Stelle noch eine Eigenschaft vorstellen, die das Loslassen ganz direkt zum Ausdruck bringt: die Großzügigkeit. Können Sie sich an eine Geste der Großzügigkeit erinnern, die Sie in letzter Zeit – vielleicht ganz unerwartet – erfahren haben? Ist es nicht ein beglückendes Gefühl, Großzügigkeit zu empfangen? Wenn Menschen zum Buddha kamen, um in seine Lehre eingeführt zu werden, hat er sie immer als Erstes großzügiges Geben gelehrt. Er hat ihnen deutlich gemacht, dass das Geben den Empfänger und den Gebenden glücklich macht, während es beim Festhalten genau umgekehrt ist – alle Beteiligten leiden. Geiz und Habsucht vergiften Beziehungen, das Geben aber kommt aus freiem Herzen und überwindet alle Grenzen.

Wer die Gewohnheit des Gebens pflegt und vermehrt, löscht dadurch in seinem Herzgeist die tief verwurzelten Konditionierungen des Anhaftens. Es kommt also darauf an, so oft wie möglich den Impuls des Gebens zu verstärken. In jeder Phase macht das Geben Freude: Die Absicht, etwas zu schenken, macht uns glücklich, das Überreichen eines Geschenks macht Spaß, und wir freuen uns auch noch in der Erinnerung daran.

Je mehr Erfahrung wir im Geben sammeln, desto deutlicher erkennen wir Unterschiede. Wahre Großzügigkeit ist eine subtile Kunst, die abwägt zwischen Vielerlei. Geben wir das, wovon wir glauben, dass jemand anders es braucht oder haben sollte, und schauen wir dabei hin, was angemessen und hilfreich ist? Haben wir unseren eigenen Nutzen im Sinn, wünschen wir Dankbarkeit, geben wir, um damit etwas ganz Bestimmtes zu erreichen? Das Geben kann tiefe innere Befriedigung auslösen. Schon die Suche nach einem, dem ich geben darf, ist eine Eintrittskarte ins Land der Zufriedenheit. »Für den Freigebigen ist die Suche nach einem, der empfangen soll, eine größere Freude als das Geben«, sagt Khalil Gibran.[23] Er fährt fort: »Ihr sagt oft: ›Ich würde geben, aber nur dem, der es verdient.‹ Die Bäume in eurem Obstgarten reden nicht so, und auch nicht die Herden auf euren Weiden. Sie geben, damit sie leben dürfen, denn zurückhalten heißt zugrunde gehen.«

Wahrhaftigkeit ist ein entscheidender Faktor im Geben. Kleine Geschenke, kleine Akte der Liebe werten unseren Alltag enorm auf. Wir haben so viel zu geben – Anerkennung und Lob, Zeit, Fürsorge, Unterstützung, Rat und Wissen, Höflichkeit und Respekt, Zuhören, Antworten, Gelassenheit, Geduld, ein Lächeln, Vertrauen – Ihnen fällt bestimmt noch mehr ein. Wenn wir uns am Morgen fragen: »Wie kann ich heute jemandem eine Freude bereiten?«, beginnen wir den Tag mit innerer Kraft, wir erinnern uns damit selbst an unsere guten Seiten. Ganz besonders pfiffig wird diese Frage, wenn wir uns anonyme Geschenke ausdenken und einfach nur um der Freude willen handeln. Geben ist Ausdruck von Dankbarkeit, von natürlicher Anerkennung für andere, mit denen wir uns verbunden fühlen. Diese Art von Großzügigkeit heilt und überbrückt die Trennung zwischen uns und anderen Wesen. Großzügigkeit ist eine universelle Sprache, die in allen Kulturen bekannt ist und gepflegt wird.

Ich lasse mir noch immer gern von meinen Hippie-Freunden erzählen, was sie zur Flower-Power-Zeit alles erlebt haben. Wenn man über die Golden-Gate-Bridge fuhr, hatte oft schon der Fahrer des vorausfahrenden Autos den Brückenzoll für die nächsten

Autos bezahlt. Im Kino wurden Snacks herumgereicht, im Park gab es riesige Partys, auf offener Straße bekam man Blumen geschenkt, im Café hatte der Nachbar schon die Rechnung bezahlt. Ähnlich fühlte es sich an, als die Berliner Mauer fiel. Ich habe damals direkt auf der West-Berliner Seite in Kreuzberg an der Mauer gelebt und bin tagelang nur durch die Stadt gestreift, um über meine Landsleute zu staunen. Hausgemeinschaften haben Kaffee gekocht, Kuchen gebacken und auf offener Straße die Passanten bewirtet. Witzige, selbst gemalte Schilder hingen in Apotheken oder Eisenwarenhandlungen, um die Besucher aus dem Osten zu informieren, im Blumengeschäft musste der alte Herr aus dem Osten den Strauß Tropenblumen nicht bezahlen, weil er dazu seine Geschichte erzählte und alle zu Tränen gerührt im Laden standen. Es hat uns gut getan, die besten Seiten von uns herauszukehren und miteinander die Tatsache zu feiern, dass Grenzen sich öffnen können ohne Einsatz von Gewalt.

Das großzügige Geben ist Vielen nicht in die Wiege gelegt. In den alten buddhistischen Texten werden drei Arten des Gebens unterschieden: Da ist zuerst das zögernde Geben, bei dem man hin und her überlegt, ob es wirklich ausreicht, ob man selbst auch genug bekommt, ob man die Sachen, die man geben möchte, nicht doch noch einmal gebrauchen könnte und deshalb lieber im Keller aufbewahren sollte. Wenn die Kleidung oder der Hausrat schließlich drei Jahre unbeachtet im Keller liegen und schon muffig riechen, kann man sich endlich entscheiden und gibt sie in die nächste Altkleidersammlung.

Die nächste Stufe des Gebens ist das freundliche Geben. Da ist man bereit, mit anderen zu teilen, was man hat. Man gibt gerne ab, wenn man selbst seinen gerechten Anteil behält.

Die dritte Stufe, das königliche Geben, lässt alle Berechnung los. Hier freut man sich so sehr am Glück der anderen, dass man einfach vom Besten gibt, das man hat.

Wenn spirituelle Traditionen das Loslassen lehren, meinen sie damit nicht die Verachtung der weltlichen Dinge, sondern die Veränderung der Beziehung zu ihnen. Unser Besitz ist nicht problematisch, aber unsere von Anhaftung geprägte Verbundenheit mit ihm. Loslassen ist das Gegenteil von Anhäufen, von Kontrollieren und Diktieren, Klammern, Kleben und Anhaften. Loslassen wird je nach eigenem Reifegrad auf jeder Entwicklungsstufe anders verstanden – es ist ebenso wie das Lieben ein lebenslanger Prozess. Jede Lebensphase, jeder neue Tag stellt an uns neue Anforderungen in der Kunst des Loslassens. Manchmal heißt Loslassen Abschiednehmen und Verzicht, manchmal heißt es Askese oder Großzügigkeit, manchmal Befreiung, Ausgelassensein, Ekstase.

Genau genommen ist das Loslassen – so wie die Liebe – ein Teil unserer Natur, eine Qualität, die dem Herzgeist ebenso immanent ist wie Raum, Klarheit, Transparenz und Offenheit. Unser Lernen besteht darin, die Hindernisse aus dem Weg zu räumen, Konditionierungen aufzulösen, die uns am Loslassen hindern, damit es durch uns hindurch und aus uns heraus fließen kann. Loslassen heißt aufwachen und ganz gegenwärtig sein, denn was gestern war, kann schon lange nicht mehr losgelassen werden, und was morgen sein wird, können wir auch nicht im Vorhinein loslassen. Wieder zeigen Lieben und Loslassen nur in eine Richtung: Jetzt hellwach leben und sich dem großen Strom anvertrauen, der aus unseren innersten Quellen hervorsprudelt.

Sie kennen diesen Moment, wenn alles getan ist. Man bereitet ein Fest vor, plant, organisiert, putzt, kauft ein, richtet alles an – dann klingelt es, die ersten Freunde kommen, und man selbst lässt am besten los, vertraut darauf, dass alles Vorbereitete im Zusammenspiel ein Feiern ergeben wird, das wir durch Kontrolle nur behindern würden. Sie kennen das auch aus den Künsten oder aus dem Sport. Lange Zeit heißt es trainieren,

trainieren, trainieren, und dann kommt der Moment, in dem es ernst wird, in dem man sich dem Fluss der Bewegung anvertrauen muss, improvisierend, assoziierend, hellwach von jetzt! zu jetzt! gleitend. Nur wenn der Jongleur blitzschnell loslässt, kann er gleichzeitig sieben Kugeln in Bewegung halten.

In der Meditation ist es ganz ähnlich. Hunderttausendmal haben wir uns in den gegenwärtigen Augenblick zurückgerufen und unsere Metta-Sätze erinnert. Wenn die Zeit der Reife kommt und Kontrolle uninteressant geworden ist, wenn wir uns weich geklopft haben an den Grenzen und vieles bereinigt ist, so dass wir geschmeidig die Fallen von Ergreifen und Identifikation umschiffen, dann entsteht ein Gefühl der Mühelosigkeit. Loslassend lässt sich das Loslassen los.

Nur Fliegen kann schöner sein? Da möchte ich Ihnen zum Abschluss noch eine Geschichte erzählen, vom Loslassen und Fliegen und von den Lehren, die nie ein Ende haben.

First Flug oder: Absprung vom First

»Einfach ein paar Schritte am sanften Hang hinunter und schon geht's los« so stand es im Werbekatalog. Zahllose Passagiere zwischen 6 und 90 Jahren schweben mit Tandempiloten über Grindelwald – warum sollten wir es nicht auch wagen? Die Wetterbedingungen waren ideal. Kein Lüftchen regte sich unter wolkenlosem Himmelblau. Da habe ich mich überreden lassen von meinen amerikanischen Freunden. Alljährlich kommen sie in die Schweiz. Gleitfliegen in Grindelwald ist immer ein Programmpunkt ihrer Rundreise. In diesem Jahr hatten sie mich und meinen Partner eingeladen, mit ihnen zusammen das Berner Oberland kennen zu lernen. »Ihr müsst unbedingt mit uns fliegen!«, schwärmten sie.

Allein hätte ich nie gewagt, einen Flugtermin zu buchen! Als mein Liebster vor zwei Jahren in Braunwald von einer Felskante gesprungen ist, konnte ich nicht einmal zuschauen. Damals habe ich mich in unsere Hütte zurückgezogen und die Nase in ein Buch versenkt, bis ich ihn wieder heimkommen hörte. Nein, ich wollte nie fliegen und ich wollte auch nicht dabei zuschauen.

Es war eine reine Mutprobe. Als alle schwärmten, wie schön es wäre, zu viert gleichzeitig in der Luft zu schweben, überkam mich ein innerer Drang, den Dämon Höhenangst beim Schwanz zu packen. Ich wollte dabei sein! Ich wollte spüren, was meine Freunde glücklich macht. Es gab mir Gelegenheit, mir einen inneren Ruck zu geben und lang gepflegte Angstmuster in Frage zu stellen. Hier und heute konnte ich mir zeigen, dass auch jahrzehntelange Gewohnheit überwindbar ist, schließlich habe ich oft genug gepredigt, dass Angst kein Grund sein darf, im Leben etwas nicht zu tun.

Bisher bezog sich mein Mut stets auf Erkundungen der Innenwelt. Ich springe routiniert in dreimonatiges klösterliches

Schweigen, ich habe keine Angst vor extremen Emotionen. Doch von Fernsehturmhöhen in steile Abgründe zu blicken, das lässt mich innerlich gefrieren. Wenn unten im Tal die Häuser wie Puppenheime wirken, Autos wie glitzernde Funken über silbrige Straßenschlangen huschen, wenn auch die bulligsten Menschen nur noch wie bunte Würmchen erscheinen, dann freu ich mich einerseits über gesunde Distanz zum Leben und fürchte zugleich den Absturz ins Nichts. Giraffen, die immer von oben herab blicken müssen, tun mir Leid. Zirkusakrobaten auf dem Hochseil kann ich nicht sehen, weil ich vor Furcht und Identifikation mit ihrem bevorstehenden Schicksal die Augen schließe. Steht die Höhe nicht in Nachbarschaft zu schwindelnder Übelkeit, Schrecken und Tod?

Unser Flug wurde für den nächsten Vormittag angesetzt, und ich wälzte mich nachts schlaflos in Horrorvisionen. Meine Phantasie verursachte Panikattacken. Ich sah mich in Seilbahnkabeln hängen und über Fichtenwäldern niedergehen, sah den Piloten ohnmächtig werden und die Sitzgurte in Auflösung, sah mich fallen, fallen, fallen und spürte das grässliche Gefühl im Oberbauch, »jetzt ist alles verloren«, nichts kann mehr helfen. Ohnmacht. Ende. Weiß die Stürzende, dass sie jetzt sterben wird? Ist sie schon tot vor Schreck in der Luft?

Ich erinnerte mich an Geschichten von Fallschirmspringern, deren Schirme nicht aufgingen, dachte an das junge Mädchen, das zum ersten Mal in ihrem Leben auf Anweisung des Kontrollturms ein Flugzeug landen musste, weil ihr Vater, der Pilot, nach einem Herzanfall ohnmächtig neben ihr lag. Ich erinnerte mich, wie ich als Kind auf Tauleitern Schiffswände hochgeklettert bin – der Weg zurück war schrecklich, über die Bordkante auf die schlingernde Leiter zu steigen und tief unter mir die kleine Barkasse am Schiffsbug zu sehen –, da bin ich immer tausend Tode gestorben.

Über die Gondelfahrt hinauf zum Startplatz am First schreibt der Holländer Simon Carmiggelt: »Es ist eine Art Himmelfahrt für Unbefugte über saftige Weiden mit kakaofarbenem Vieh, das willig die Köpfe schüttelt, um das im Prospekt versprochene Glockengeläute ertönen zu lassen.« Unsere amerikanischen Freunde jubelten: »Another spectacular day in Swissneyland«. Wir passierten die »fields of terror« – das Schreckfeld. Adrenalin-Schübe brachten meinen Solarplexus zum Flattern, mir raste das Herz, und die trockene Zunge klebte am Gaumen, während ein feiner, schweißnasser Film auf meiner Haut lag. Alle unterhielten mich mit Geschichten von sagenhaften Absprüngen. »O. k. – ich werde einfach den Boden unter mir loslassen«, seufzte ich. »Loslassen? Du wirst schwimmen im freien Raum, ekstatisch, getragen wie ein Fisch im Ozean. Der muss auch nicht den Boden unter sich loslassen«, lachten meine Freunde.

Ich schämte mich. Andere schämen sich, weil sie ihren Hochzeitstag vergessen oder in der Klausur beim Schummeln erwischt werden. Ich schämte mich für meine Angst vor dem Baumeln an ein paar Seidenfäden unter einem bunten Stück Stoff. Schließlich hatte ich meine Entscheidung frei getroffen und konnte jederzeit zurücktreten. Willenskraft und Höhenangst führten Streitgespräche miteinander. Ich begann, an meinem gesunden Menschenverstand zu zweifeln. »Wozu grämst du dich so, pfeif auf deine Mutprobe?! Das Geld solltest du lieber der Christoffel-Mission spenden«, argumentierte die Ängstliche. »Stell dir vor, du wirst schweben, dich fühlen wie ein Vogel, du wirst ganz ungeheuer expandieren«, widersprach die Starke.

Auf dem First angekommen, hatte ich noch Zeit, ein paar Tandems beim Abflug zu beobachten. Vor mir war eine ältere Japanerin dran. Sie pumpte wie ein Maikäfer vor Aufregung. Das beruhigte mich etwas. »Ihr erster Flug?«, fragte mich mein Pilot. Ich nickte stumm. »Mein zweiter!«, sagte er und fügte nach einer kunstvollen Pause freundlich grinsend das kleine Wort »heute« hinzu. Dann erklärte er in aller Ruhe, wie wir gemeinsam Anlauf nehmen und abspringen würden, machte noch ein letztes Foto von uns vor dem Start, und schon ging's los.

Der Absprung gelang spielend. Wir schwebten im Aufwind, ich ließ mich tief in die Sitzgurte gleiten und mein Pilot erklärte ausführlich Thermik und Landschaft, während ich mich immer wieder erinnerte, den krampfhaften Griff zu lockern und mich wirklich hängen zu lassen in dieser Ausnahmesituation, eng angeschmiegt an den beruhigend warmen Bauch des Piloten. Meine drei Freunde waren so weit weg, dass wir uns nichts zurufen konnten. Ich fühlte mich völlig ruhig. Von Angst keine Spur. Tief unter mir sah ich eine Wandergruppe an einem Bergbach rasten. In der Badeanstalt im Tal breiteten die ersten Gäste ihr Laken auf der Liegewiese aus und ich versuchte, unser Chalet zu erspähen. Hier oben vor der sensationellen Kulisse der Jungfrau-Region blieb die Zeit stehen. Meine gewöhnlichen Sinnesfunktionen waren außer Kraft gesetzt, ich fühlte mich, als würden alle roten und grünen Lämpchen gleichzeitig leuchten, im zeitlosen Ausnahmezustand.

Seit über 100 Millionen Jahren gibt es Körper, die fliegen können. Zwanzig Minuten in der Luft reichten meinem Körper nicht, um in den Zellen die Erinnerung an das archaische Wissen zu wecken. Aber ich habe wenigstens kapiert, dass Auf- und Abwinde wie die zwei Seiten einer Welle zusammengehören und dass manche Gleitschirmpiloten es schaffen, über zweihundert Kilometer weit von einem Aufwind zum nächsten zu segeln.

Wir landeten sanft und punktgenau auf einer kleinen Wiese gleich neben den Seilbahnkabeln. Ich schüttelte mich wie ein nasser Hund nach der Äquatortaufe. Das war genug für's erste

Mal, und so schnell würde ich bestimmt nicht nach einer Wiederholung rufen. Es war zu traumhaft, wieder festen Boden unter den Füßen zu haben. Trotzdem hat diese intensive Begegnung mit der Natur in mir Kräfte freigesetzt, von denen ich nichts geahnt hatte. Sie entwickelten in mir einen unbekannten inneren Aufwind, dessen thermische Gesetze ich gerade erst zu erschließen suche.

Anmerkungen

1 Zit. in Fritz Kraus, Hrsg. *Vom Geist des Mahatma*, Holle-Verlag, 1957
2 Bell Hooks, *All About Love*, New York: William Morrow, 2000
3 Harvey B. Aronson, *Love and Sympathy in Theravada Buddhism*, New Delhi: Motilal, 1980, S. 25
4 Lothar Zenetti, *Auf seiner Spur*, Mainz: Matthias-Grünwald-Verlag, 2001, S. 95
5 John O'Donohue, *Anam Cara*, München: dtv, 1997, S. 26
6 Daniel Goleman, Hrsg. *Die heilende Kraft der Gefühle*, München: dtv, 1998, S. 239
7 Erich Fried, *Mitunter sogar Lachen*, Berlin: Wagenbach, 1986, S. 143
8 Martin Buber, *Ich und Du*, Heidelberg: Lambert Schneider, 1983, S. 18 u. 23
9 M. Scott Peck, *Der wunderbare Weg*, München: Goldmann, 1986, S. 79
10 Martin Buber, *Ich und Du*, Heidelberg: Lambert Schneider, 1983, S. 37
11 Jack Kornfield, *Frag den Buddha und geh den Weg des Herzens*, München: Kösel, 1995, S. 390
12 Stephen und Ondrea Levine, *In Liebe umarmen*, Bielefeld: Context Verlag, 1995, S. 31

13 John Welwood, *Toward a Psychology of Awakening*, Boston: Shambhala, 2000, S. 234
14 aus *Harvard Magazine*, 3/4 1991; Buchbesprechung von Richard Marius zu Richard Pipe: *The Russian Revolution*, New York: Knopf 1990
15 Ulrich Kronauer, Hrsg. *Vom Mitleid*, Frankfurt: Insel Verlag, 1999
16 Matthew Fox, *Mitfühlen, Mitdenken, Mitfreuen*, München: Scherz-Verlag, 1994, S. 19, 20
17 Rüdiger Safranski, *Das Böse*, Frankfurt: Fischer, 2001, S. 330
18 Zit in: »Mitleid und Mitfreude und Modi ihrer Arten«, S. 172–176, in Ulrich Kronauer, Hrsg., *Vom Mitleid*, Frankfurt: Insel, 1999
19 Heiner Uber, *Land des Lachens*, München: Frederhing & Thaler, 2000
20 Caussade, *Lettre Spirituelle*, zit. in Ernest Kurtz und Katherine Ketcham, *The Spirituality of Imperfection*, New York: Bantam, 1992, S. 40. *Die Spiritualität der Unvollkommenheit*, Freiburg: Lüchow Verlag, 1998
21 Marie Mannschatz, »Fünf Hindernisse«, in: *Buddhismus im Westen*, Schönau: Arbor, 2002
22 Wilhelm Schmid, *Schönes Leben?*, Frankfurt am Main: Suhrkamp, 2000, S. 52
23 Khalil Gibran, *Der Prophet*, Düsseldorf: Walter, 1996, S. 19

Literatur

Harvey B. Aronson, *Love and Sympathy in Theravada Buddhism*, New Delhi: Motilal, 1980

Denise Breton und Christopher Largent, *Love, Soul and Freedom*, Minnesota: Hazelden, 1998

Hans Gruber, *Kursbuch Vipassana*, Frankfurt am Main: Fischer, 1999

Thich Nhat Hanh, *Aus dem tiefsten Verstehen die Liebe berühren*, Berlin: Theseus, 1997

Thich Nhat Hanh, *Das Erblühen des Lotos,* Berlin: Theseus, 2000

Thich Nhat Hanh, *Nimm das Leben ganz in deine Arme*, Berlin: Theseus, 1998

Bell Hooks, *All About Love*, New York: William Morrow, 2000

Emmanuel Jungclaussen, Hrsg., *Aufrichtige Erzählungen eines russischen Pilgers,* Freiburg: Herder, 1974

Jack Kornfield, *Frag den Buddha und geh den Weg des Herzens*, München: Kösel, 1995

Jack Kornfield, *Das Tor des Erwachens*, München: Kösel, 2001

Ernest Kurtz und Katherine Ketcham, *The Spirituality of Imperfection*, New York: Bantam, 1992

Peter Lauster, *Die Liebe*, Reinbek bei Hamburg: Rowohlt, 1994

Stephen und Ondrea Levine, *In Liebe umarmen*, Bielefeld: Context, 1995

The Editors of Conari Press, *Random Acts of Kindness*, Berkeley: Conari Press, 1993

M. Scott Peck, *Der wunderbare Weg*, München: Goldmann, 1986

Sharon Salzberg, *Geborgen im Sein*, Frankfurt am Main: Fischer, 1999

John Welwood, *Toward a Psychology of Awakening*, Boston: Shambhala, 2000

Über die Autorin

Marie Mannschatz hat mehr als zwei Jahrzehnte in freier Praxis als Gestalt- und Körpertherapeutin gearbeitet. Seit 1978 widmet sie sich buddhistischer Meditation und wurde in den neunziger Jahren von Jack Kornfield zur Meditationslehrerin ausgebildet. Sie lebt in Ahrensburg und lehrt in Europa und den USA.

Weitere Informationen finden Sie unter:
www.mariemannschatz.de

Informationen

Meditationszentren, die Metta-Meditation anbieten:

Deutschland

Seminarhaus Engl e.V.
Engl 1
D 84339 Unterdietfurt
Tel. 08728 - 616 Fax 08728 - 412
E-Mail: info@seminarhaus-engl.de
www.seminarhaus-engl.de

Kamalashila-Institut
Eifelkloster Langenfeld
D 56729 Langenfeld
Kirchstraße 22a
Tel. 02655 - 939 040 Fax 939 041
E-Mail: Kamalashila@t-online.de
www.kamalashila.de

Haus der Stille e.V.
Mühlenweg 20
21514 Roseburg
Tel./Fax 04158 - 214
www.hausderstille.org

Buddha Haus e.V.
Uttenbühl 5
87466 Oy-Mittelberg
Tel. 08376 - 502 Fax: 08376 - 592
E-Mail: info@buddha-haus.de
www.buddha-haus.de

Waldhaus e.V.
Heimschule 1
D 56645 Nickenich
Tel. 02636 - 33 44 Fax 02636 - 2259
E-Mail: budwest@t-online.de
www.Buddhismus-im-Westen.de

Schweiz:

Meditationszentrum Beatenberg
Waldegg
CH 3803 Beatenberg/Schweiz
Tel. 0041 - 033 - 841 21 31 Fax 2132
www.karuna.ch

England

Gaia House
West Ogwell
Newton Abbot
Devon TQ12 6EN
England
Tel. 0044 - 01626 - 333613 Fax 352650
E-Mail: generalenquieries@gaiahouse.co.uk
www.gaiahouse.co.uk

USA

Spirit Rock Meditation Center
P.O.Box 169
Woodacre, CA 94 973
Tel. 001 - 415 - 488 01 64 Fax 488 0170
E-Mail: srmc@spiritrock.org
www.spiritrock.org

Insight Meditation Society
1230 Pleasant Street
Barre, MA 01005
Tel. 001 - 978 - 355 4378 Fax 355 6398
www.dharma.org